通书九讲

冯学成————讲述

人民东方出版传媒
东方出版社

前言：重振士精神与道统、法统的传承

我们现在正处在一个特殊的时代，在这个背景下学习《通书》，的确有特殊的缘起。关于"转型"说来话长，中国这一百多年来都在忙着转型，现在更是时不我待。不论政治、经济还是文化都不能不向自我改良、向健康的方向转型。目前有关转型的话题、报道、网上讨论也非常多，可谓"百家之言难以陈于纸"。而转型不仅仅是宏观经济、政治上的，也必须落实在每个具体的个人身上，每个个体的精神、文化和心性都应优化、提升。要提升我们的思维半径，提升我们的能力，提升我们的思维智慧。所以这十多年来，我一直在提倡一个观念：重振中国的士精神。

我们中华民族有五千年的历史文化，值得每一个中国人为此感到骄傲。这五千年的历史文化是谁承载的？正是中国的士阶层。这个士阶层，第一有教养文化，第二有担当精神，第三有道德使命感。中国古代的士阶层有特殊含义，他们把"天下兴亡，匹夫有责"的重担扛在肩上。士，既是一个文化概念，还是一个道德概念，还是社会中坚力量群体的集合。

如今，中华民族发展到这个阶段，近一百年来，很多优秀的传承都被我们扔掉了。为了救亡图存学习先进科学技术，而小看了我们的民族文化遗产乃至精神遗产。说我们是半封建半殖民地，受西方列强侵略一百多年，有冤有苦，实际上还是一种自卑情绪。中华民族何须对西方自卑？我们应该为我们的历史文化感到骄傲。西方学中国的不少，它们的官僚制度、议会制度向中国学习过；它们科学技术中很多精彩部分（不论是相对论还是量子力学）的基本观念还是从中国（《易经》、阴阳五行）来的，只是有些中国人不知道而已。有雅兴的人如果看看西方汉学家写的论中国科技、中西方文化交流的东西，会大吃一惊：原来我们还曾这么伟大！我们有十三亿人口、九百六十万平方公里土地、五千年历史，为什么要自卑？美国才两百多年的历史，莫斯科大公国13世纪末期才从大帐汗国当中独立出来。大帐汗国是钦察汗国瓦解为三个汗国后剩下的部分，钦察汗国是蒙古四大汗国之一，为成吉思汗的长子术赤的次子拔都建立。面对他们，我们为什么自卑？

所以，我们应回到传统文化的基础上，重新规划我们的过去和未来。我所提倡的士精神，还不能停留在古代儒士、隐士的层面上，还要与时俱进。科学技术、经济文化，包括伦理，各个方面都要现代化。士可以从基层到大夫（高级公务员），是社会稳定、繁荣的中坚力量，他们是社会的脊梁。公务员、企业主，还有白领，都属于士的阶层。如果大家都自觉地修炼士的精神，我们国家有了一批优秀的精英，中华民族的未来就不可限量。

在汉代以前，士主要指孔夫子创立的儒学阶层。后来从魏晋南北朝到宋这个漫长时期里，士的概念就不那么明确了。魏晋南北朝到隋唐，尤其是唐朝，它的开放包容造成了世界化的文化趋势，比如中华文明大量吸取佛教文化、印度文化、西域文化、中亚文化精神。但此时中国主体文化精神也逐渐模糊，甚至有所缺失，这是很多人在欣赏汉唐文化时没有留意到的。真正把中华民族的精神重新提起来，把中华民族的道统和法统重新提起来的是宋明理学，特别是宋代理学。

《通书》的作者周敦颐先生是宋明理学的始祖。宋明理学在北宋期间最牛的两位——程颐、程颢两兄弟，他们很小的时候就被父亲送到周敦颐先生那里学习。周敦颐先生是有道之士，官当得不大，相当于现在地市级法院院长一类的职务，也还在九江一带当过知州，以文官身份统军。他安贫乐道，几乎把自己微薄的俸禄都捐给了乡里乡亲，办义学、办书院。我们看一个人怎样料理自己的事，就可知他的为人。

宋以来，中国一千年的思想主流就是宋明理学，韩国、日本，甚至越南的很多文化骨架也包含宋明理学的成分。也正是宋明理学的兴起，铸就了宋明清这几代的士大夫精神，使中华民族的凝聚力、向心力有了主心骨。

改革开放以来，贫富悬殊加大，社会危机蔓延，移民潮出现，国外也是欧债危机、美债危机、占领华尔街……以后，世界怎么办？中国会怎么样？很多人都处于不安彷徨之中。如何在这复杂多变的社会里找到自己心性的"定盘星"，使自己对现在、对未来有信心，对外部环境有适应力、把控力，关键还是要提高我们的智慧。很多人没有安全感，如何才能安全？只有把自己的心性料理好才会觉得最安全。如果能优化我们的智慧，美化我们的道德，强化我们的力量，那就非常安全了。因为我们应付危机的能力，对吉凶祸福照料的能力就会无形中大大得到强化。

目　录

《通书》开题

　　《通书》，是周敦颐读《易经》的心得。现在的人学《易经》，用来搞预测的多，搞风水、看相算命的也不少，他们究竟研究得怎么样？我个人认为，这些预测大师的境界、文化、气质未必高明。

　　周敦颐是宋明理学的开山鼻祖，他出入儒释道三教，在学习《易经》的过程中，将其心得写了短短四十章，就是《通书》这本书。这四十章里融通了儒释道的根本精神，把儒释道的智慧与《易经》的读书心得凝结在一起。

　　在大学里，《通书》是中国思想史、中国哲学史研究生的课程，在座的都不是专职文化工作者，也不研究思想史、哲学史，要学习《通书》有一定的难度。好在我讲《通书》不同于大学教授的讲法，不会去论述本体论、认识论等概念，相信这样大家也没有兴趣。我讲解这本书的时候，尽量贴近大家的生活，贴近大家的工作，贴近大家的心灵，希望与大家能够产生共鸣。

　　什么是"书"？大家都知道四书五经中有一本叫《尚书》，《尚书》就简称为"书"，是尧舜禹到周代有关天子诸侯治国方略、修身养性文献的汇集。《尚书》是中华民族政治、文化以及道统、法统的起源，是中国历代政权传承的正统所在。中国的治权在哪里？就在尧舜。尧舜生活的时代，没有世袭君主的制度，他们之前是黄帝。所以孔夫子提出了"祖述尧舜，宪章文武"这个中华文化的法统。中国二十五史中，虽然政权在一代代更迭，但道统始终不变。这个道统就是从尧舜到禹汤，到文武、到孔夫子所宣传的一套政治和人生的理念。

后来，"书"的含义又进一步演变。大家都知道《史记》，《史记》这个名字是后人取的，它的原名叫《太史公书》，记载了轩辕黄帝到西汉初年的历史。汉朝有《汉书》，分《前汉书》《后汉书》(三国是分裂的，地方级别，就只能叫《志》)；南北朝有宋齐梁陈之书；唐朝有《旧唐书》《新唐书》。到了宋代，薛居正、欧阳修编修《旧五代史》《新五代史》的时候，才把"书"变成了"史"。可见，"书"的重要性。"书"在中华民族文化中是神圣崇高的，是民族精神的凝缩。

"通"也很重要。现在到处塞车，我们就希望路能通。遇见困难、遇见麻烦、走投无路时，想知道哪里是出路。我的精神通道在哪里？我的情绪通道在哪里？我的事业通道在哪里？怎样才能通向理想？怎样才能通向祥和、富裕、太平、幸福？搞科研、处理麻烦事情的人，都希望自己的工作能力畅通无碍。搞学问的人，也希望自己融会贯通一门学问，乃至成为通才。通，就是无碍。自己的知觉没有障碍，精神世界没有障碍，这是一个多么诱人的境界！这是生活的艺术，智慧的体现，能力的升华！

周敦颐先生在读《易经》时做了一份笔记，这份笔记用什么来落名呢？就是《通书》，所以这个名字了不得。以前又叫《易通》，即"读易通书"。我先给大家介绍一下，免得大家把它和香港卖的"通书"混淆。那个"通书"是黄历一类的册子，是记录吉凶利否的，和我们学的这个，是完全不同的。

第一讲 万物资始，性命之源

诚上第一

诚者，圣人之本。"大哉乾元，万物资始"，诚之源也。"乾道变化，各正性命"，诚斯立焉，纯粹至善者也。故曰："一阴一阳之谓道，继之者善也，成之者性也。"元亨，诚之通；利贞，诚之复。大哉《易》也，性命之源乎！

"诚"的无污染境界

为什么把"诚"先提出来？我们反对精神污染，提倡返本归朴，要归复到纯善、虚静的心态。"诚"从字面上来说，即诚心诚意，但这仅是短暂的、片面的。我们去寺庙里，看到庙宇庄严、菩萨庄严，就不敢打妄想，不敢胡思乱想。那一刻心灵比较安宁、比较干净，没有什么乌七八糟的事敢在菩萨面前显示。可那是很短暂的心灵感受，只是当下一念清静。而在《通书》里把"诚"放在第一章，后面还有若干处提到，可见这个"诚"非常重要。熟悉佛教的朋友都知道"真如""菩提"，在《通书》中"诚"就相当于"真如"这个概念，可以说是"道"的一种称谓。实际上在《中庸》里就已经把"诚"提到很高的位置了,"诚者,天之道也;诚之者,人之道也"。《通书》这里结合《易经》来谈"诚",还要从太极图、阴阳这样的宇宙观和认识论上来体会。

首先,周敦颐下了个定语,"诚者,圣人之本"。我们现在提起圣人,感觉非常遥远,非常模糊,因为如今的社会生活环境已经没有圣人的概念了。但整个中华民族,在鸦片战争甚至辛亥革命以前还是有对圣人的崇拜的。什么是圣人?用康德的话说就是为自然和社会立法的人。用《易经》的话来说,则是"圣人作而万物睹"。世界是人类根据自己的认识所认识的世界。如果没有先知先觉的思想家、科学家开辟,我们将永远在黑暗中摸索,没有知识和文化。人类社会能成为健康的人类社会,保障种族繁衍,文化繁荣兴盛,圣人的确功不可没。而圣人不仅在文化上有创建,在道德上更是楷模。

"诚"为什么是圣人之本?这里大家要反省下自己的思维、自己的精神是怎样为自己工作、为自己服务的。每个人从生到死都在不断用心、不断盘算,但谁也没想过自己这颗心是怎样为自己服务的。每分每秒,我们的头脑比计算机还快,念头怎么来,怎么去?念头里有什么内容?是黑的还是白的?是善的还是恶的?是有益的还是有害的?很少有人进行这样的反省。"诚者,圣人之本。"圣人的根本是什么?就是他精神、灵魂上的纯粹。什么叫纯粹?就是无污染的状态。

六祖惠能大师在《坛经》里提到五祖大师公开选拔接班人时,神秀大师所写的偈语:"身似菩提树,心如明镜台。时时勤拂拭,勿使惹尘埃。"表明他还在学习之中,还在功用之中,还需要时时打扫自己的心灵,想让自己的心灵通过时时除尘除垢的方式保持纯净,进而进入真如或者道的状态。而六祖惠能大师的偈语是:"菩提本无

树，明镜亦非台。本来无一物，何处惹尘埃。"这个偈子表现的就是
"诚"的无污染、无障碍的境界。如果你有了对"诚"的体悟，而且
能时时处处展现"诚"的光辉，你就是圣人。

当然，这仅仅是"本"。光有"本"还不行，不完整，还要
有"用"。有体有相有用，体相用三者必须完整才能体现全貌。比如
说盖摩天大楼，有了地基还得一层一层盖上去，还得内外装修，还得
买家具。"本"就是基础，"诚"是圣人的基础。想成为圣人，首先
要让我们的精神世界纯净化。禅宗的"禅"原是印度语言，翻译成
汉语，首先就是净虑。由动归静，由浊归静，并把思想杂质过滤掉，
如同电脑感染了病毒要杀毒一样。第二是思维修，就相当于电脑升级，
使思维习惯处于最优化状态，提升智慧的能力，这就不仅仅是"本"，
而是在"本"上起用了。

"大哉乾元，万物资始。"这两句是《易经·乾卦》的原文。宇
宙从什么地方来？自然从什么地方来？人类社会从什么地方来？心
从什么地方来？人心的内容从什么地方来？德国思想家叔本华有一
本书——《作为表象的世界》，有几十万字。这几十万字就写了一个
道理：我们都生活在我们的心里，我们看到的世界都是我们的精神
内容。所以，"万物资始"是我们心里的万物。我们可以肯定地说每
个人必然生活在自己感知的世界里，生活在自己的世界里面。自己
内心世界的内容也是森罗万象的，这个森罗万象的精神世界从哪里
来？从乾元来，就是来自我们的生命力、我们生命的原动力。元，就
是指生命力。人类的物质文明、精神文明如此丰富，从哪里来？还是
人心变出来的。没有人的精神，就没有人类文明，包括如此灿烂的
现代物质文明。所以我们应真正敬重我们的精神、我们的生命、我
们的思想。现在很多人不爱惜自己的身体、生命，不爱惜自己的内心，

这是很可惜的。

正是"万物资始",所以"诚斯立焉",诚就在其中了。熟悉《坛经》的都知道,六祖大师悟道时说"何期自性,本自清净",这就是诚,清净的精神就是诚。最后一句"何期自性,能生万法",万法都离不开清净精神这个平台。我们的思维力、创造力、分析力、综合力、判断力都离不开清净精神这个平台。如果我们不清净,生物欲心、得失心,那就没法工作了。人在物欲中,在荣辱得失的盘算中哪能公平、正确地去面对客观世界呢?

"乾道变化,各正性命。"当然,精神是纯粹的。《易经》里有一句话:"易,无思也,无为也,寂然不动,感而遂通天下之故。"我们的心在安宁未动的时候,什么也不知道,但面对外界因缘时就有了相应的反应。见了红的是红的,见了绿的是绿的,见了是非麻烦自然就要解决这个问题。乾道变化,万象森罗。我们之所以看到自然界万象森罗,是因为我们内心世界也是精彩纷呈。这个社会复杂多变,是从哪里来?还不是从人心来的。"心生种种法生",有多少人就有多少种人心,有多少种人心就有多少种情绪。"物以类聚,人以群分",种种这般都是在我们心性上的变化。什么是命运?命运就是自己的心性、结构、内容,在社会人事因缘的时间、空间之中展开的必然性,所以说"乾道变化,各正性命"。狗有狗的性命,猫有猫的性命,男人有男人的性命,女人有女人的性命,领导有领导的性命,下属有下属的性命。自然的、个人的都分门别类,各有各的合理性,各自有各自存在的理由,而这些性,都在乾道变化之中。

大道流行无不具备,人心流行也是无不具备。万物之所以是万物,是我们人赋予了它名称与特性,所以说"人为自然界立法"。比如说,地球本没有经纬度,无论从地表还是太空看,地球表面都只有海洋、陆地、白云。但人为地球标了个经纬度，现在人去哪里也都离不开经纬度，GPS导航离不开经纬度，各种地图上也标注着经纬度。可地球上哪有经纬度？还不是人为标注的。我们认识的世界，本来是一。生命是一，一个活蹦乱跳的生命，通过我们的智慧、思维才知道人有眼耳鼻舌身意、四肢躯干、五脏六腑，这就是各正性命。这样，我们思维所触及之处，世界就清晰起来了。小至原子、电子、基本粒子，大至宏观世界，这一切都在我们人类精神的光辉照耀下展现出来，所以"诚斯立焉"。就在内部的、外部的、自然的、社会的、精神的各个领域，反过来表现了我们精神存在的重要性和唯一性，所以称为"纯粹至善者也"。

我们的精神从小到老为我们服务一生。请注意，眼睛为我们服务时，如果我们不用心，不用注意力，就是熟视无睹。耳朵为我们服务时，如果不把注意力放在耳朵上，可能打雷都听不见，这叫充耳不闻。我们无论做什么事，都必须把注意力投入。注意力是什么？它有内容吗？尽管没有内容，但它具备能量，这个能量为我们的精神、事业带来了成果，这才是纯粹至善。说破了，就是一个"诚"！怎样涵养我们的注意力？怎样把"纯粹至善"的功夫养好，更好地为我们服务？儒家学说叫作养静气，佛家学说叫修定力。

玩懂"阴阳"二字

"故曰：一阴一阳之谓道"，这是《易经》原文。稍通中国文化的人都知道"一阴一阳之谓道"，我们怎样理解这句话？有太阳有月亮，有白天有黑夜，有男人有女人，有阳光的人有阴暗的人，社会有光明面有阴暗面，等等。正是在阴阳运动中产生了世界万物，在阴阳运动中社会发展了，这就是道。道是一个轨迹，它包含了运行中所有的内容，而这些内容也一体地向前运行。

我们身上也有阴阳，表里、腑脏、经络都有阴阳归属。一阴一阳也是生活、生存之道。现在物质精神文化如此丰富，营养如此充足，为什么还有这么多人生病，往往还是精神上的疾病？首先就是没有遵循一阴一阳之道。该工作时不工作，该睡觉时不睡觉，把阴阳都颠倒了。很多人都是工作到凌晨两三点，然后中午十二点起床，这样就不好。人是昼出夜伏的动物，《黄帝内经》说："食饮有节，起居有常，不妄作劳。"自古至今，人类已经养成日出而作、日落而息的生活习惯，怎么能去过蝙蝠、猫头鹰的日子？现在追求养生的人很多，养生的方法也是层出不穷，但极少有人知道，真正最简单而又最高妙的养生就是守好这个"一阴一阳"。

现在，很多人总是看到社会和大自然的阴暗面，如地震、水灾、贪腐、为富不仁……总之没有安宁。其实，社会永远有阴暗面，但同时也永远有光明面，不能总是盯着阴暗面不放。盯着阴暗面，你的心也会变得阴暗，沉寂在阴暗之中，日子就会过不下去。我们必须学会在阴暗面中看见光明面，就像晚上要知道会有黎明，太阳会出来。而光明之中也有阴暗，站在太阳下都会有阴影。身处社会，也要注意其阴暗面，别让它成为不安定因素。阴暗之中还要看到光明面，光明之中要看到阴暗面，这是在政治、经济、生活上用心的方略。要了解智谋术，智谋术最根本的就是"阴阳"二字，一切智谋、兵法都在其中，把"阴阳"二字玩懂了，它们自然就在你的掌握之中。

"一阴一阳之谓道，继之者善也。"继，继承、延续。什么会延续下来？用达尔文的话说"物竞天择"，有生命力的东西才能延续，没有生命力的东西就消失了。一阴一阳本来就是天底下最大的善，从古到今，从宇宙开初到终结，一切都延续其中。所以能够继承下来的，一定既合理又稳定，而且还符合一阴一阳之道。比如说中医，中医的根本理论就是调理人的阴阳，使精神上的阴阳、五脏六腑的阴阳不出问题。政治上也是如此。汉文帝向丞相陈平问政务，陈平说，臣不知道，刑狱有廷尉，钱粮收支应该问治粟内史。文帝就问，你这丞相是干什么的？陈平回答："宰相就是帮助皇上燮理阴阳，顺应四时的。"一个企业、一个公司要善调阴阳，一个人也要善调内心的阴阳。怎样把阴阳的概念掌握活，掌握得有智慧、畅通无碍，这就是朋友们需要用心的地方。

"元亨，诚之通；利贞，诚之复。"《易经·乾卦》的前几个字就是："乾：元，亨，利，贞。""元、亨、利、贞"原是占卜所得的结果，我们看安阳殷墟甲骨文里就有这些字出现，后来《易经》六十四卦三百八十四爻也有很多地方提到。"元、亨、利、贞"虽然是占卜判断词，但孔夫子整理《易经》后，这几个字就被赋予了人生的哲理。元，元气、元年、元旦，元是本元，也是开始的意思。亨，就是通，亨通无碍。元是本元开始运动，但人不会一直处在最初的位置。小孩子刚生下来是元，然后就要进幼儿园、小学、中学、大学，毕业后进入社会工作，老了又要退休养老，这都是要经循的过程。我们要重视开始，元要善始，最初的因缘一定要料理得顺，料理得吉祥，不能有不安全、不太平的因素，然后才能使命运的列车一路亨通，吉祥平安地抵达终点。"元亨，诚之通"，就是一张路线图。企业定位、国家定位，五年规划、十年规划都是一个"元亨"的过程。怎样使路线图设计完善，为我们服务？这就需要善观时节因缘，自己处于什么形势，周边情况又如何，达到目标有几成把握，自己的能力和手段具不具备，等等，这一切都要放在考量之内。

"利贞，诚之复。"《易经·乾卦·文言》说："元者，善之长也；亨者，嘉之会也；利者，义之和也；贞者，事之干也。""亨者，嘉之会也"，就是有好的条件，加之一起共同发力，才能通。利，现在我们都在谈利、谈效益，利到底是什么？"利者，义之和也"，如果没有义只谈利，冷冰冰的就太无情，社会、人心也不会安宁的。美国那些人之所以要占领华尔街，就是因为金融大亨太冷血了，赚了那么多钱，国家有麻烦、社会有麻烦的时候却一毛不拔。现在美国失业率达到8%，政府部门连办公费用都没有了，但银行大亨的年薪还是几个亿、几十个亿。老百姓、政府官员、议员们都看不过去了，才有了一系列的麻烦。所以有了利，一定要让所有人或多或少均摊，建立完善的社会保障体系。发财了，周围亲戚朋友、兄弟姊妹，以及周围社区总要润上一润，朋友有困难总要帮一帮，还要做点慈善，这些就是义举，就是"义之和"。所以，利要通过义"和"起来，要利益众生才行，而不是冷冰冰的私利。"贞者，事之干也。"很多人谈贞就想起贞节牌坊的"贞"，想起女性取名叫什么贞。但在《易经》里，贞本来的意思就是正，正确的"正"。姿势坐正，方向摆正，道德端正，见解正确的"正"。贞者，正也。只有正，才能牢固、稳定。

"利贞，诚之复。""诚之复"，就是"诚"在画圆圈、螺旋式前进的路途上不断回过头来审视自己走过的足迹。"诚"生怕出错，要"吾日三省吾身"。复，是回复，是反照的功夫。这个功夫用什么标准？要用"利贞"作为标准。做得好不好，做得正不正，心正不正，得不得体，等等，各个方面都要用"利贞"来观照。因时间关系，这里只能做简单剖析。

"大哉《易》也，性命之源乎！"这里是对《易经》的赞叹。《易经》的确是中国古文化的命脉所在，是五经之首。很多思想家、政治家乃至山林隐逸之士都在学《易经》。《易经》里有做人的原则，六十四卦里有独到的人生指示。正是因为《易经》有如此神奇之处，对我们的身心性命有极好的指导作用，所以周敦颐先生赞叹："大哉《易》也，性命之源乎！"我们都有自己的性命，这个性命再扩充一点，就是身心性命：身体、精神、性格、命运。我们的心性结构怎么样？要溯源。我们的命运走向怎么样，生命历程怎么样？也要溯源。这个根源就在于《易经》给我们的指示上。所以，大家如果能好好花点时间研读易理，也许可以使人生达到某种你想象不到的高度。

诚下第二

> 圣，诚而已矣。诚，五常之本，百行之原也。静无而动有，至正而明达也。五常百行，非诚非也，邪暗塞也。故诚则无事矣。至易而行难。果而确，无难焉。故曰："一日克己复礼，天下归仁焉。"

寻找精神的原点

"圣，诚而已矣。"什么是圣人，什么是圣人的境界？一言以蔽之，就是一个字："诚"。我们应该好好体会或者找寻我们的精神本源，这个精神本源就是"诚"。道家讲返璞归真，儒家讲正心诚意，禅宗讲明心见性，不论各家怎么说，都是要实现对自己精神本源的回归。当然，在宗教学里要悟道似乎太艰难了。怎样使自己大彻大悟，是很多人毕生追求的最崇高的目标。我们谈终极关怀、最高理念，就是对道的追求。在这里，我给大家提醒一下：这是人人本具，个个现成，并不难的。

《信心铭》说"至道无难"，《坛经》说"即心元是佛"，对我们来说，没有一点距离，没有半点障碍。什么叫圣？就是一个"诚"而已。我们好好料理自己的精神，料理自己的思维，自己去体验、品尝"诚"的意味，看能否把"诚"的感觉品味出来。前面提到去寺庙里，看到庙宇庄严、菩萨庄严，烧香磕头的那个时候就诚惶诚恐，在这种虔诚状态下，不敢打妄想，不敢胡思乱想。我在菩萨面前磕头从来不敢许愿，因为一许愿就有贪心，像和菩萨做生意一样，不好意思，自己脸红。我就在菩萨面前磕个头，祝菩萨快乐，因为普度众生太辛苦了，那一刻就是"诚"的感觉。

平常我们早上起床时，要感觉一下"一念不生"时，精神本来的意味是什么。入睡前，我们也感觉一下没有什么念头的状态是什么样子。我们要提升自己、优化自己，那首先就要寻找精神原点。这个精神原点对我们非常重要，因为身体有了疾病就不健康，人人都希望有个一病不染的身体，精神同样如此。我们要找回没有疾病、没有污染的心灵。

周敦颐说了"圣，诚而已矣"之后，怕大家不明白，马上把话题一转。这一转转得非常好，把纯精神性引申到社会性上来了，"诚，五常之本，百行之原也。"上了年龄的人都知道中国社会讲究三纲五常。什么是五常？就是仁义礼智信，这是社会生活中不能修改的原则。纽约唐人街入口的牌楼，题着孙中山手写的"天下为公"四个大字。"天下为公"来自《礼记·礼运篇》，原文为"大道之行也，天下为公"。怎样才能做到天下为公？首先就应该具备仁义礼智信这五项原则，这是我们的道德基准，所以称之为常道，万古不易之理。常道就是整个社会、整个人生、整个自然必须遵循的轨道、游戏规则，违背了就会给自己、给社会惹来麻烦。

"仁"，我们都希望自己的领导、老板是仁人，因为仁人有包容心、有慈爱心，不会整人、害人，会关照他人，肯定是利他的。"利者，义之和也"，也是利他的、付出的，不是天天打个人小算盘。"礼"，就是规矩、社会游戏规则。男女之间、长幼之间、领导和下属之间、内外上下左右都应该遵循相应的游戏规则，这就是礼。《通书》在后面讲"礼"就是"理"，是做人的道理，不能违背做人的道理。

"智"，就是智慧，我们不能傻乎乎地犯蠢，在社会里生活一定要有智慧。之后还会说到智慧就是一个"公"字，"私"字没有智慧，自私自利的人以自己的利益为半径，是个非常狭小的空间。空间感知半径如此狭小，能有多大的智慧？公才有无量的半径，才能容纳无量的因缘。在大的时间、空间之中，在大的因果之中才能激发大的智慧。古人云："公生明，廉生威。"就是说智慧一定从公心而来，威望一定从廉洁而来。

"信"，人与人相交能无信吗？我们也在呼吁诚信社会，社会健康的基础是什么？政府要讲诚信，公司要讲诚信，朋友之间要讲诚信，夫妇之间要讲诚信，父子之间也要讲诚信。离开一个"信"字，都尔虞我诈，彼此之间互相欺骗，社会就妖魔化了。所以，信是五常的基础。无信的人能说他是仁人、是义士？能说他讲礼？无信是破坏游戏规则的元凶，哪里还有礼？无信的人智慧吗？一棒槌的买卖、一次性的交往，被别人看不起，乃至有可能惹上官司。信是仁义礼智的基础，一个人可以没有智慧，但不能没有信誉。一个人可以达不到仁人义士的高度，但起码得有信用。跟有信用的人打交道，你不会吃亏，有安全感；无信的人则千万别与他打交道。聪明的人打不打交道无所谓，仁义的人打不打交道无所谓，但无信的人千万别与他打交道。我们在人事关系中要学会趋吉避凶，很多人盖房、办公司都看风水，但不知道看人事间的风水。人事风水怎么看？就是看仁义礼智信。

　　"诚"是五常之本好理解，为什么又是"百行之原"呢？人与人不同，各有各的行为方式，各行各业也有各行各业的行为方式，有着各自的游戏规则。但不论你是哪类群体，都必须遵循一个规矩，就是五常，就是仁义礼智信。而仁义礼智信的根本在于"诚"，所以说："诚，五常之本，百行之原也。"如果说仁义礼智信不好把握，那就至少要把握好"诚"。诚心诚意地干事，不昧良心地干事，那就绝对能做到仁义礼智信。如果离开诚，心里起了邪念，仁义礼智信就与你不沾边了。各行各业的游戏规则，你也不会放在眼里，你也不会遵守。所以我们做事，起心动念一定要正心诚意，以正心诚意作为自己修为的基本功。

　　"静无而动有，至正而明达也。"当我们的思维阀门关闭时，天地万物、精神世界都是无。我们的思维阀门一旦打开，天地万物、喜怒哀乐、是非成败什么都有了。我在讲《道德经》时提醒朋友们一定要看懂《道德经》的第一章，"常无欲以观其妙，常有欲以观其徼"。"静无"就是"常无"，"动有"就是"常有"。怎样把"无"和"有"结合起来，使之融为一体并为我们服务？当我们处在是非麻烦中要敢于去"无"，当我们情绪升腾起来时要让情绪"无"下去，要懂得放下的妙用。而当我们灰心丧气、懈怠时，要把情绪提升起来，精神力量一定不能松弛，这是"常有"。所以，"静无而动有"是一种功夫。

《通书》不光可以在哲学文化上谈，也可以在举心动念、日常修为中作为一种功夫来谈。大家相聚是缘，时间宝贵，就不能拿一些莫名其妙的高深名词来忽悠大家，希望能让大家有实际收获，而且这些收获还能落实在实际的功夫上。怎样使我们能静能动、动静不二？"静无而动有"是精神的阀门，怎样自如地运用好这个阀门？该放下的时候，无，使自己居于静。孟子说"存夜气"，就是晚上该睡觉的时候就睡觉，这就养了，并不是说要练个什么。早上起来，该干事就干事。静的时候要善于处于"无"的状态，动的时候要善于处于"有"的状态。怎样达到圆融无碍，却是非常讲究的功夫。

"至正而明达也"，我们看紫禁城乾清宫里也挂着"正大光明"这四个字，什么正？心要正。什么大？心胸要大。什么光？智慧之光。什么明？智慧之光所照耀的地带清楚明白。至正，就是诚。诚之后，至正的妙用就出来了，就是明达，照耀一切，通达无碍。"明"是智慧，"达"就是智慧覆盖之处。我们经常感觉到自己的智慧不够、精力不够，在料理很多麻烦时不能得心应手、举重若轻，主要还是因为自己没有处于至正的状态。大家都知道"事不关己，关己则乱"，有些事如果关系自己或亲友的利益，自己就没有资格当裁判员，为什么？因为自己的判断被干扰了，没法至正。只有至正才能明达，智慧才能释放出来，覆盖我们需要料理的事情。

亿万富翁与你有何相干？

"五常百行，非诚非也，邪暗塞也，故诚则无事矣。"能"至正明达"，这是圣贤的状态。至于凡夫，所经历的酒色财气、名闻利养的东西太多，不能做到"至正明达"，也不具备这样的修养。当五常百行不能进入"诚"的状态，就是我们犯错误的时候了，"非诚非也"。离开了诚，五常不再是五常，百行百业的规矩也会坏掉。

为什么会"非诚非也"？因为"邪暗塞也"。一些歪门邪道的念头，用佛教的话说就是打妄想，胡思乱想、酒色财气、是是非非的东西在头脑里盘踞鼓荡，你还有清明之气、至诚之心吗？所以，"诚则无事矣"。生活中之所以有那么多烦恼，就是因为邪的暗的东西把我们的心窍给堵塞了，如果能去掉蒙蔽我们眼耳鼻舌身意、蒙蔽我们心窍的东西，回归于诚的状态，就能"诚则无事"，诚则天下太平。

古人都仰慕这样一句话："尧舜垂衣裳而天下治。"尧舜坐在那里动都不用动，天下就能治理得很好。另外《道德经》说"无为而无不为"，这都是"诚则无事"的另一种表述。老天就是诚，大道就是诚。大道也是诚心诚意，没有污染的。在大道运行中，天地万物各安其位，不会主动去增减损益，不会因蟑螂、老鼠、臭虫横行而收拾掉它们，不会因为狮子、老虎吃牛羊就收拾掉它们。大道对万物一视同仁，都赋予了它们生存的权利，让其自生自灭，这就叫"诚则无事矣"。

孔夫子在《易经·系辞》中说："天下何思何虑？天下同归而殊途，一致而百虑。"天下大道、天地人有什么可思虑的？都殊途同归。人类社会也是如此，无论社会怎么变化，怎么乱哄哄的，天地一样运转，且不以人的意志为转移。广州站前路这么繁荣，三十年来造就了那么多亿万富翁，这和我们有什么相干？欧洲经济、南美丛林、非洲草原，甚至太阳系外、银河系外发生的事情与我们有什么相干？我们的关注力没有大到覆盖这么远的地方。孔夫子又说："四时行焉，百物生焉，天何言哉！"他都不愿说话了，"予欲无言"，就达到了无事的境界。天下本无事，但是庸人自扰之、自忧之啊。

"诚则无事"，我们就要使自己处于"无事道人"的境界。这个"无事"不是指不做事，而是别让那么多功名利禄、是是非非的事纠缠在我们的心里。见了就做，做了就放下。过去的早就过去，和我们没有关系了；未来还在未来，跟我们也没有关系。广州现在有一千多万人，跟你有关系的有多少？在广州这个忙忙碌碌的城市里，该你做的事又有多少？我们的心一定要放在无事上，这个无事不是说不做事，该吃饭还吃饭，该睡觉还睡觉，该接待朋友还接待朋友，该处理事情还处理事情。当做则做，做了则了，这也叫无事。千万别无事生非，大包大揽与自己不相干、不该想的事，那是自讨苦吃。

另外，我们要学会心闲。心要闲，气定神闲多爽啊？如果心忙了，你这个人就没用了，是干不了大事的。有的人心里老是慌慌忙忙的，我看见了话都不想跟他说，因为他听不进去你的话，心里在闹腾。也不敢交代事情给他做，因为他心里闹腾，能安心做事吗？我们与人打交道，看人有没有能力，首先看他有没有静气、有没有定力。如果有静气，气定神闲的，这个人可交，可为。气定神闲的人才能干大事，天天浮躁不安、心里闹哄哄的人，千万别交代事情给他。喝杯茶可以，千万别把他纳入自己要干大事的因缘中，那可能会成事不足，败事有余。所以我们要有闲静之气，要有闲静的修为和性情。要学会偷闲，学会养闲。在养闲的过程中，我们会不知不觉处于诚的状态，这里面也是妙不可言。

"至易而行难，果而确，无难焉。"天下的道是很平常、很简易的，小孩子长大成人难吗？虽然当家长的有那么多事要操心，操心治安不好、食品不安全，幼儿园、小学到大学费用又高，吃的、教的、护送的，这样关照，那样关照，但小孩子长大实际一点也不难。小孩是自己吃、自己消化、自己成长，跟父母没有多大关系。企业和社会同样如此，关照多了是头上安头、画蛇添足。社会有自我调节能力，市场有看不见的手呀。

我们要看懂易和难的关系。诚，说起来好像不容易做到，但实际我们经常处于无思无虑、不动心的状态而不自知。早上醒来，刚睁开眼睛的时候就没什么思虑。刚思考问题时，也会有一段或长或短的时间处于"诚"的状态，因为杂念太多就会思考不下去；所以我们每天有很多时候都处于诚的状态。但要达到从头到尾，自始至终打成一片就不容易，那的确困难。

还有，理论的东西理解起来不难，但运作起来难。用黑格尔的话来说，一个观念向另一个观念的转化，在头脑里跳出来是几秒钟的事，但在历史上过渡可能要好几百年。从奴隶社会到封建社会，到资本主义社会，到社会主义社会，这个观念在头脑里闪过很快，但要落实到社会实际发展上，几千年未必能转化过来。同样，把一个老百姓教化成一个君子、贤人，说起来简单，事实上需要许多时间和精力。所以，我们要看到易和难的关系。

王阳明提出"知行合一"，"知行合一"不错，但"知易行难"也可以说，"知难行易"也可以说。因为人的环境不一样、因缘不一样，在某个事上可以说是知行合一的；在某个事上可以说知先行后，知易行难的；在某个事上又可以说是知难行易的。总之不能一刀切，要具体而言、具体而论。

"果而确，无难焉。"前面讲要回归于诚，要明心见性、要悟道，是知容易，但行很难，明白容易，实践很难。但是我们"果而确"，就可能实现。"果"是果断、坚定，"确"是有毅力、有持久心。观念也好，实践也好，我们都要看准目标，毫不犹豫地走下去。"果而确，无难焉。"有些事不是不能做，就看你敢不敢去做。我们想成为君子，想成为贤人，成为仁人志士，这个标准太高了，我们能达到吗？实际并不高，就按照志士仁人的标准走下去，今天做一点，明天做一点，敢于对自己的身心性命做一番修整调校，我相信这个目标终有一天会实现。

"故曰：一日克己复礼，天下归仁焉。"这句话也很有名。颜渊问孔子："何谓仁？"孔子就回答了这句话。"一日"指有那么一天我做到了克己复礼，那么整个天下就都是太平的世界，都是仁的世界。克己复礼是基本功，我们每天都应该留意自己的举心动念是不是能克己。我们每天都活在是非得失、成败毁誉当中，都在人事的网络中求利益。作为自然生命需要获取外部资粮才能养命，才能延续自己的生命；作为社会生命也需要好的名誉、好的待遇，这些需要必然与外部环境产生冲突。我们在这些关系网络里就一定要注重克己。

克己的目的是复礼，就是守规矩，遵守游戏规则。克己的规范就是仁义礼智信，以仁义礼智信来规范我们的心性。在社会行为上就不能触动社会游戏规则，道德不能触犯，法律更不能触犯，大家都奉公守法、遵纪守法，那就是复礼了，就是天下太平。如果每个人都做到奉公守法、克己利他，有奉献精神，那么整个社会就很祥和，整个社会就是仁治的社会，就是"天下归仁"。"天下归仁"是几千年来一个崇高的政治目标，大同社会是"天下归仁"，天下为公也是"天下归仁"。

对于自己，首先要有一套仁义礼智信的城防，一种乐趣，别觉得是把仁义礼智信当成道德规范来约束自己，因此而不高兴。仁义值多少钱？仁义能不能发财，能不能升官？如果这样来看就错了。真正能当好官、当大官的，肯定是恪守仁义礼智信的。真正能发大财的肯定也是恪守仁义礼智信的。设想一个百年老店，如果没有诚信，能有百年历史吗？不仁，能发展百年吗？无礼，不守规矩，能有今天的祥和太平吗？所以无论当官、经商还是做普通百姓，都需要有仁义礼智信，这是生活工作的太平之舟、吉祥之路。

第二讲　寂然不动，感而遂通

诚几德第三

诚，无为；几，善恶；德：爱曰仁，宜曰义，理曰礼，通曰智，守曰信。性焉、安焉之谓圣，复焉、执焉之谓贤，发微不可见、充周不可穷之谓神。

起用的根本诀窍

《通书》是宋明理学的总纲，从北宋到清代作为中国主体文化的代表，滋养了知识分子近一千年。整个士大夫阶层，乃至中国的佛教徒、道教徒，都受到了《通书》的深刻影响。《通书》只有四十章，但包含很广，从宇宙论、认识论到儒释道三教的精髓思想，再到修身养性都有涉及，而且《通书》把修身养性精妙之处都点化出来了。

前文讲了《诚上》《诚下》两章，这里又有《诚几德第三》，以及《圣第四》，都讲诚。后面第五章、第六章、第七章还是继续讲诚，只不过没有以诚作为题目了。前面两章讲体，"大哉乾元"，"圣，诚而已矣"，"五常之本，百行之原"，都是在讲"体"，这第三章就在"用"上展开了。

我们面对自己的精神世界，面对社会上的各种人事关系，怎样料理其中的因缘？有三个方面，第一是诚，第二是几，第三是德。在这三层关系中，诚是我们的精神本体，诚相当于道家的道、佛家的真如，属于精神无污染状态。作用是什么？是"无为"。

什么叫无为，天地有为吗？自然有为吗？无为。它没有主观意识要干这干那，就是自然而然，就是《道德经》说的"人法地，地法天，天法道，道法自然"。什么是无为？拿身体来说，我们的眼耳鼻舌有为吗？五脏六腑有为吗？饭菜吃到肚子里，能有为吗？想胖点想瘦点，身体听你的吗？生命自行完成消化吸收，把营养分配到眼耳鼻舌身、五脏六腑之中，不需要我们的意识去进行干预。生命本来就是一种无为的状态。

从社会来看，解决全世界的麻烦、欧洲美洲的债务危机、占领华尔街，能有为吗？面对那只"看不见的手"，谁能有为？如果把地球生态链当作一个整体来看，也是无为的。

我们的心是自己的，但心下一分钟想什么，你知道吗？下一分钟说什么你能做主吗？明天想什么说什么，会有什么因缘，你能做主吗？无法做主。不做主也不妨碍生命、不妨碍社会上种种因缘的随机流动和交往。这又证明了精神原本是无为的，它没法处于有为状态。

如果我们刻意处于有为的状态，我们的精神就会走上岔道，就会出精神病。要少去料理，现在的营养学、美容学总是想给生命加减乘除，但越是干扰生命，生命就越混乱。同样，越是干扰掌控社会，这个社会就越是危机四伏。《道德经》讲无为才能无不为，这是根本诀窍，"生而不有，为而不恃"嘛。但我们的精神怎样才能明白这个道理，从而使我们从狭隘盲目的有为回归无为？这是中国圣贤的最高境界。

当然，无为并不是说就不为了。里面是有妙处的，妙在哪里？还得知几（机）。

"几，善恶"，什么叫善恶？并不是慈悲喜舍才叫善。对身体来说，不去干扰五脏六腑，五脏六腑能健康地为身体服务，这就是善；不能健康地为五脏六腑服务，这就是恶。社会上，仁义礼智信是善，不仁不义就是恶。但是，善恶并没有一个稳定的标准，善恶都是会向对立面转化的。干善事搞砸了，反而是坏事。有些看起来是坏事，但过段时间却变成好事了。先秦时就有"塞翁失马，焉知非福"的寓言故事。这是因为善恶边界往往是模糊的，就像在是非的辩论中，有人说越辩越明，有人则说越辩越糊涂。

关于"几"，又分内外。外面的"几"你能把握多少？我们所能接触的半径非常有限，能把控的空间就是自己的内心世界。念头一动，精神的内容就出来了，社会上的是是非非也就出来了。如果关闭我们的念头，我们的精神世界就归于无。

"几"，通"机"，它在哪里？如何去把控它？战机也好，商机也好，危机也好，怎么趋吉避凶？对人对事，要看见里面蕴藏的机兆是什么，它展开的必然性是什么，这个要相当的功夫才能看得到。古人说"防微杜渐，见机而作"，《易经》说"君子见几而作，不俟终日"，但是这些"几"都是外面的。

作为心性修养，关注于自己身心性命提升的人，首先关心自己的"几"。自己念头一动，用佛教的话来说，"心生种种法生，心灭种种法灭"。当念头动时，这个念头是怎么动的？念头起来后，就会顺着逻辑或情绪的轨道，自然而然吸附若干内容在里面。用黑格尔逻辑学的说法，逻辑纯之又纯，没有具体的事项在里面，就是精神自身运行的一系列程序，像电脑软件一样。但是如果把内容附着于它，那善善恶恶就演绎在里面了。

人不是机器，不是电脑，人是有欲望、有动机的，我们念头一展开，就有情绪欲望渗透在里边，在念头刚刚萌动时就已经有善恶的成分。有修养的人在念头刚萌动时就知道觉照，"吾日三省吾身"，他有这个觉照的能力，关注自己念头的起起落落。我们脑子里也要有"交警"，管住念头，光明的念头放行通过，阴暗的念头则不放行。

小时候，我的老师教我一个很重要的方法：千万不要让自己的心进入阴暗、危险的地带。如果我们的心进入了阴暗的地带，见到的天和地、人和事全是阴暗的，自己就会进入危险的地带。为什么有人被"双规"，有人跳楼？就是他们的精神进入了危险的地带。如何去防范，使自己远离这些麻烦？这就要防微杜渐，就要见"几"。"几，善恶"，尽管只有三个字，展开就不得了，周敦颐先生在后面还会有详细的推演。

再论仁义礼智信

"德：爱曰仁"，在社会上生活不能无德，无德的人寸步难行。要在人间正道上行走，就应该洗涤我们的精神，使我们的精神回归于至善。用《大学》的话来讲"大学之道，在明明德，在亲民，在止于至善"。至善就是德。德很简单，很纯粹，但必须要有爱心才有德。有爱心、慈悲心，这个就是仁。推而广之，德就是仁义礼智信在我们精神和行为上的充实。人有三种生命，第一自然生命，就是生老病死；第二社会生命，就是成败是非，贵贱穷达；第三精神生命，就是我们的喜怒哀乐。作为社会生命，必须恪守社会常道，把自己的责任担当起来，用儒家的话来讲就是君臣、父子、夫妇之道。如果我们的仁义礼智信都充实于心，并释放在社会之中，就叫有德。仁就是爱，仁者爱人，仁和爱经常是一体的。

什么是义？"宜曰义。"宜，指合乎时宜，有分寸有规矩，这么合在一起，才叫义。怎样使我们的所作所为都有分寸？要宜。乱了分寸，不讲分寸，就离开了"义"字。

什么叫礼？"理曰礼"，理就是礼。整个社会如果没有尊卑、男女、长幼之别，以及因之而建立的和谐的规矩，社会就会乱套。但这个礼必须建立在合理性上，不合理就无礼。懂礼的人一定合理。怎样使上下、左右、内外处得和谐？就是靠合理之礼，而不合理之礼就叫非礼。

什么叫智？"通曰智"，智就是通达无碍。一个智者如果连人世间的小事都料理不好，就不配被称为智者了。中医常说"通则不痛，痛则不通"，哪个地方不通，就要请医生打通经络，五行运行无碍就通。在北京、广州开车，塞车是家常便饭，大家都希望道路要通。河道也要畅通。朝廷则希望政令要通，政令不通则"王命不出京畿"，那这个国家也就差不多了。社会上的麻烦是非太多，也是因为各个方面利益没有得到疏通。谁来疏通？有大智慧的当政者。当老板的要财通四海，也需要大智慧的。

各个方面的因缘、轻重缓急、各方面的关系都必须关照到。不仅要从正面，还要从反面；不仅要从内部，还要从外部。方方面面都圆融无碍才叫通。智慧是没有障碍的，真正的智者面对精神上的麻烦都是畅通无碍。通源于智，作为在社会上生存的人，我们要通过自己的智慧料理这些危机，使我们的事业、命运畅通无碍。智慧从哪里来？中国古代圣贤留给我们不少开启智慧的书。这些书分两个方面：一个开启体上的智慧，指诚，是入道之门；另外是术上的，是具体方法策略。明白道、术的关系，把两者都料理好，才能天下无敌。

"守曰信。"目前对于社会的诚信问题，人与人之间的诚信关系，老百姓都十分不满。朋友之间有几个人真正做到了"信"？夫妇之间又有多少人做到了"信"？上下级之间真正做到了"信"吗？所以，这个"信"是大文章。

信，就是信守承诺。我跟周边的人打交道，绝对恪守诚信。我答应的事情，一定守住自己的承诺。很多人不守诚信，使得朋友之间发生误会、矛盾，乃至反目成仇。有些人肝胆照人、意气相投、豪爽得很，往往就会轻诺。常言道"轻诺必寡信"，轻诺的人能够守住诺言吗？那就未必。关于守信，承诺本身就需要智慧，不能超出自己的能力半径许诺。

如何守住自己的道德底线？仁义礼智，我不敢奢求。要我献爱心，灾区捐款一个亿，我没这样的能力。要我义薄云天，像宋江一样当及时雨，我也没这个能力。要我运筹帷幄，决胜千里之外，我依然没这个能力。但在生活里，我能够守信，做人的基本立足点就有了。如何才能有自己的操守？古代中国被称为礼仪之邦，礼仪之邦的基本点就是守信。仁信忠恕、礼义廉耻，如果没有信，就是没廉耻的人。

麻烦的是现在很多人都不知廉耻了，不知耻，叫他如何守信？有人今天这样说，明天那样说，过几天就忘了，或者干脆不承认有什么信诺。这不是君子，而是小人的作为。所以我一再提倡要重振中国古代的士精神，士精神的核心就是恪守仁义礼智信。当官的有士精神，官当得好。没有这个机缘，不能当官也不能发财，那做个隐士也好。如今做隐士也没条件，山里的别墅你买不起，那在城里当个寒士也可以。穷一点而已，但我固守道德。

如《菜根谭》所说："栖守道德者，寂寞一时；依阿权势者，凄凉万古。达人观物外之物，思身后之身，宁受一时之寂寞，毋取万古之凄凉。"这是寒士所为，我们要有这样的骨气，守住仁义礼智信，特别是"信"这条底线。搞道德教育就需要讲这些，需要把仁义礼智信作为净化人心、优化人心的基本精神食粮。

"性焉、安焉之谓圣"，什么叫圣人？圣人就是心性能够稳定地安住于仁义礼智信中，安住于诚几德之中，这就是圣。不仅仅安住于仁义礼智信，还要归于诚。返璞归真、明心见性都是为了达到这个终极目的，就是归于诚。《中庸》说："诚者，天之道，诚之者，人之道也。"就需要把我们的精神安置在这么一个天然的、自然的，不去损益、加减、垢净的境界里。《心经》说："不生不灭，不垢不净，不增不减。"圣人在体上就是这样的，自然而然就是圣。

但是我们暂时达不到圣人境界，就还需要功夫修行，"复焉、执焉之谓贤"。我的心性受到了污染，我的灵魂有污垢，但是我仰慕圣人的境界，怎么办？"复焉"，回归，返璞归真嘛。还有的时候，在利害的牵引下会分辨不清楚。孟子说："鱼，我所欲也，熊掌，亦我所欲也；二者不可得兼，舍鱼而取熊掌者也。生，亦我所欲也，义，亦我所欲也；二者不可得兼，舍生而取义者也。"发生冲突的时候怎么办？要有"执焉"，即在仁义礼智信上，有执着的精神，要敢于不放弃。

一方面要回归（复焉），一方面要执着（执焉），遇见了矛盾选择，敢于选择仁义礼智信，不怕吃亏上当，敢于走仁义之道。这就是贤人。

在中国历史上有很多因孝廉闻名的人，把利益让给他人，把名誉留给别人，把好处留给别人。这就是《道德经》中"知其白，守其黑""知其荣，守其辱"的妙用。

"复焉、执焉"，如果有这样的发心和志向，在这条道路上走下去，你就是贤人。学佛的都知道要精进、忍辱、布施，等等。六度波罗蜜说穿了就是复焉执焉、执焉复焉。就是通过这些过程来优化自己、来完善自己，使自己的心性向圣贤靠近。从古到今都有人求贤，但不光要在外面求贤，自己内心更要求贤。自己要成为优秀善良的人、有价值的人，就必须要经过"复焉、执焉"的过程。当然，能达到"性焉、安焉"就了不得了，就是圣人了。

"发微不可见、充周不可穷之谓神。"这个神，不是指玉皇大帝、孙悟空这些神仙。我们先谈谈生命是什么，在解剖刀下能把真正的生命弄出来吗？在显微镜下能看到真正的生命吗？都不可能，看到的只是生命之形而已。这就是"发微不可见"。

那我们的精神是怎样的，在显微镜、望远镜中又能看得到吗？如果看得到那就叫明心见性了。佛教参公案，就是认识自己到底是怎么回事，但哪有这么容易。精神至大无外，至小无内，不是我们的理性所能把控、认知的，所以叫"发微不可见、充周不可穷"。

《道德经》说"道可道，非常道"，佛说"不可说"，"非思量分别之所能解"，这都是"发微不可见、充周不可穷"。"发微不可见"，是极其小不可见；"充周不可穷"，是极其大不可知。当我们研究量子力学时，这是极小的空间；当我们研究宇宙时，就是极大的空间。基本粒子有多小？"发微不可见。"宇宙有多大？"充周不可穷。"但这句话并不是就物质世界而言，而是指我们的心、我们的精神能力可以穷大极小的状态。我们的精神可以回到过去，可以预测未来，可以竖穷三界、圆裹十虚，打通过去、现在、未来，超然于十方、六和之外。这就是我们的精神，就是我们的心，这个心的确是妙不可言啊。

圣第四

> 寂然不动者，诚也；感而遂通者，神也；动而未形、有无之间者，几也。诚精故明，神应故妙，几微故幽。诚、神、几，曰圣人。

圣人的三个层次

中国古代对圣人的崇拜不得了。在古代的书院，每天都要给孔圣人行礼，要拜的。圣的境界、作用到底表现在哪里？就表现在这三个地方：诚、神、几。第四章和第三章其实是一体的，有点反复，又有一点差别。

什么是诚？"寂然不动者，诚也。"学禅宗的人通过这一句就可以入道。"寂然不动，感而遂通"是《易经·系辞》的一句话，周敦颐现成拿过来贯穿在《通书》中，并作为对"诚"最好的诠释。

诚，怎么会寂然不动？天动不动？天寂然不动，但群星日月在天宇之中运行不辍。地寂然不动，但江河湖海奔腾不息。心寂然不动，才能让无穷的念头在我们的心田里起起落落、来来去去、生生灭灭。我们不管天地，只管自己的心。

很多人都想看懂自己的精神世界，但看到的往往只是精神世界的内容。比如：今天又打妄想了，今天又生善念了，今天窝囊，今天郁闷，等等，都是看到精神里的内容。而这些内容在什么地带展开的？是依据什么展开的？念头来去生灭的平台是什么？就是我们的心，我们的心是一个可以与宇宙同级别的空间，宇宙就是我们的心。

古人说："上下四方曰宇，往古来今曰宙。"陆九渊说："宇宙便是吾心，吾心便是宇宙。"正因为此，才能容纳无穷多的念头在里面来去生灭。有善的，也有恶的；有光彩的，也有阴暗的；有智慧的，也有愚蠢的。这无穷无尽的念头从哪里来，我们得重视。许多参禅的人往往就在这里过不了关，总把精神的内容当成心的体来感觉了。《道德经》讲"生而不有，为而不恃"，"无为而无不为"，都是在这个层面上。如同下棋，棋局可以千变万化，但棋盘不动。如果我们的心进入了具体的情绪内容，就被这个局障碍了，心中的格局就展不开。

庄子说"夫昭昭生于冥冥"，昭昭就是明白，是已知；冥冥就是不明白，是未知。无知的空间越大，才能给已知留下充足的空间。只有无知的空间无穷大，才能给知识留出无穷的发展空间。无知，就是诚。怎样料理未知与已知的关系？怎样料理过去、现在、未来的关系？都应该回归到寂然不动上来。

有人喜欢打坐，体会寂然不动的心体，这是件愉悦的事。但我们不能守住寂然不动，每天眼观鼻、鼻观心，什么都不想不做，那也不行，那就成了完全无用的人。所以我们知道这样的境界，又要不住于这样的境界。因为还有下面一句："感而遂通者，神也。"

感而遂通，什么是感？眼耳鼻舌身意这类感官系统，当然还有第六感官，心灵的超经验感应也是有的。我们的精神周游于我们的世界，有着独特的、神妙的感知能力。"遂通"不仅仅是感知，搞发明创造也不仅是感知还要创造，不仅有分析还要综合，不仅要料理原有因缘，还要在原有因缘基础上打造新的因缘。开创一个新局面，或者神来之笔，这是需要悟出来的，不是通过机械的运算得到的。怎样使自己通，而且是感而遂通，不走弯路？这是"神"的境界、"神"的作用，二者是一体的。

如果做不到寂然不动，没资格谈感而遂通。每天都在烦恼、得失荣辱的纠结中是没办法的，就像《大学》说的："修身在正其心者，身有所忿懥，则不得其正。"情绪高亢时、有爱欲恐惧时，心能得正吗？我们的心必须寂然不动，才能感而遂通。平时起心动念一定要留意基本功，要随时保持心的寂然不动状态，要善于清洗我们心中的垃圾和不良情绪。

诸葛亮《诫子书》说："夫君子之行，静以修身，俭以养德，非淡泊无以明志，非宁静无以致远。"也可以作为寂然不动的注脚，只有这样才有感而遂通的能力。我们要把心性修炼到寂然不动，才能有感而遂通的无上境界，这就是"诚"和"神"。

"动而未形、有无之间者，几也。"静时，没有几在其中萌动；念头一动，就有几微的东西萌动了。社会上某个事情来了，要看看它几兆如何，走势如何。股票是涨是跌，温州出个事，对中国的影响是什么。我们要善于知几。箕子看到殷纣王用象牙筷子，就知道天下快完了。高明的人可以通过简单的事情知道社会的治乱兴衰。

苏东坡的老爹苏洵写过一篇文章《张益州画像记》："未乱易治也，既乱易治也。有乱之萌，无乱之形，是谓将乱。将乱难治，不可以有乱急，亦不可以无乱弛。"就像身体已经有病的几兆，又不知病在哪里，这很难治。社会处在动而未形、有无之间，治乱说不清楚，这就麻烦。动而未形、有无之间者，这就是几，这种状态很不好料理。

魏晋玄学流行时，何晏名闻天下，是"正始之声"的首席。他评判天下英豪，自负地说："惟深也，故能通天下之志，夏侯泰初（玄）是也。惟几也，故能成天下之务，司马子元（师）是也。惟神也，不疾而速，不行而至，吾闻其语，未见其人。"他这是以"神"自许，但司马懿父子在实践力、执行力上远远超过他，后来一次政变，他和大将军曹爽等人都被司马懿杀掉了，这就是不知几。要干事业的人，必须要明几，傻乎乎的马大哈怎么去玩几？

"诚精故明"，什么叫明？明就是智慧，内外、上下、四方没有什么阴暗地带，没有什么盲区。要做到内外、上下、四方没有盲区，必须要诚，而且诚得要精。什么叫精？精粹，没有杂质。诚精，没有其他污染、杂质，很精到、精纯。诚到精到、精纯，自然而然就照料天下。

"神应故妙。"十八般武艺样样精通，能防微杜渐，应付各种各样的危机。什么事情都早三年就料理得干干净净，如同"上医治未病"。

"几微故幽。"诚精是光明的，几微是幽玄的。一块地在春天来临前被冰雪覆盖着，谁也不知道这片土地上会长什么草、什么树。幽，是不确定、不明了、不清楚。但在未来肯定要展现它的存在。少儿的教育就是处于"几微故幽"的状态，很难说他以后不是亿万富翁或者国家领导，一切可能性都存在，但是你不清楚他的走向。这个"幽"有以后发展的必然性，但对我们来说是未知的、模糊的。

怎样使自己能够明察秋毫、能够透彻幽明？首先要诚精，还要神应。有前面两种武功，才有第三种武功"几微故幽"。才能站在历史发展的潮头上引领时代的潮流，这非常了不起，需要在境界上提升，需要达到"诚神几"。如果具备了这三个层次，你就是圣人。

慎动第五

> 动而正，曰道。用而和，曰德。匪仁，匪义，匪礼，匪智，匪信，悉邪矣。邪动，辱也；甚焉，害也。故君子慎动。

在印堂上安个"警察"

现在的人盲动很多，豪气一来就冲动，冲动就干不好事。翁同龢说"每临大事有静气"，孔夫子也说"临事而惧"。我们并非神通广大，社会上的各种因缘自己也未必能掌控，所谓"人生不如意事十之八九"。那怎么办？这里有个原则："动而正，曰道。用而和，曰德。"

"动而正，曰道"，动，凭什么动？动，一定离不开一个"正"字。正，有自己的能力范畴，也有良心的自我审核，有社会的道德准则。念头一动，首先要看是正还是邪，利他的还是利己的。利他的应该没问题，利他的是合于道，而利己的是否合于道就要小心。不是说不能利己，人还是要为己，但要合道、合生命之道、社会之道、精神之道。譬如养生，晚上不守子时，很晚还不睡，在自然性上就伤害了自己的生命。在社会性上动而不正，就会有种种危机，引起种种的麻烦。举心动念不得其正就容易得精神病、抑郁症。所以养生也好，社交也好，精神的发动也好，都要放正，用佛教的话来说就是要护持正念。

"用而和，曰德。"和，是和谐，中规中矩、合乎礼节，这一系列称之为"和"。《中庸》说："喜怒哀乐之未发，谓之中，发而皆中节谓之和。"紫禁城有太和殿、中和殿、保和殿，这是明清最高权力机关，南面而王的地带，三重大殿都不离"和"字。和谐，不是强制性，是心肝脾肺肾都健康，眼耳鼻舌身意都健康，士农工商三百六十行都健康，才和谐。不光追求"和"，还要"用"。什么叫用？就是要动。动的时候跟各种因缘发生交集，还是和。一个有德的人行住坐卧无不得体，会让人有温暖感、吉祥感，这个是很高的境界。如何界定它呢？

"匪仁，匪义，匪礼，匪智，匪信，悉邪矣。"匪，就是"非"。离开了仁义礼智信的行为，都是邪。"邪动，辱也。"就会自取其辱。在女孩子面前非礼，飞檐走壁当小偷，做一些违背仁义礼智信的事，肯定会自取其辱。"甚焉，害也。"如果背离仁义礼智信太远，不仅违反伦理，而且违反法律，那就会祸害天下了。很快会受到道德和法律的制裁，身败名裂。

"故君子慎动"，作为一个君子一定要好好审视自己的所作所为是否合于仁义礼智信，是否违背了仁义礼智信。一定要考量再三，印堂上要安置一个"警察"，这个"警察"永远不能离岗。要监控我们的所思所想、所作所为，如此才能保证我们一生的平安，才能指引我们一生的路吉祥如意。

所以干事别凭一时冲动，要"慎动"。现在是非那么多，怎么能不慎重？大家身心名誉都陷在里面，必须慎动，三思而行。看因缘，如果一切都比较方便、自然，我们随波逐流也可以，但首先要采取慎的态度。

道第六

　　圣人之道，仁义中正而已矣。守之贵，行之利，廓之配天地。岂不易简！岂为难知！不守，不行，不廓耳。

仁义也会让人受不了

　　学道的人都很在乎道，特别是圣人之道。圣人之道是什么呢？"仁义中正而已矣。"很多人说大仁大义行不行？当然好，但如果失去了中正之道，说不定变成虚伪、大奸大伪了。以前提倡一大二公，好像是大仁大义，但离开了中道，就给民族、社会带来很多麻烦。一个人鼓吹大仁大义的时候，我们最好打个问号：这个人是不是包装起来的？一个人有礼貌很好，但如果一个人以礼为貌，是戴了脸谱在江湖上混，大家就得提高警惕。圣人之道是仁义，但它不会过。

　　有些人不中正，热情得让人受不了，仁义起来也会让人受不了。因为人与人交往有个度。夫妻之间、父子之间、上下级之间都必须有度。上级领导给下属连升三级，行不行？尽管人好，还是得慢慢提拔。仁义还要守正道，宋襄公之仁、东郭先生之义就不中不正，结果就成了悲剧。很多人在仁义上不守中正，就成了奸佞之徒，就成了祸害。我们看道家老子对仁义的批判："大道废，有仁义；智慧出，有大伪。""夫礼者，忠信之薄，而乱之首也。"因为仁义过多，过分提倡仁义，仁义就带有虚伪的成分了。

在汉朝时，实行"举孝廉"。那时当官不搞科举，是找孝廉，考察这个青年人是不是讲孝道、讲谦让，是不是廉洁之士。如果真正是孝是廉，就可以到太学读书，毕业通过考试再分配到各州府县当官。但成了制度后，本来不孝顺、不谦虚、不礼让的人为了要搞个官当，就弄虚作假了。到了汉末，伪君子太多太多，都是搞假大空，在仁义礼智信上作假唱戏，演给朝廷百姓看，目的是为了当官升官。道家学说知道这些弊病，对仁义的批判是不遗余力。

我们如果能够做到"中正而已矣"，自己时时保持堂堂正正，不弄虚作假，这就是圣人之道。圣人之道一定恪守仁义中正。"中"和"正"还有些特殊的说法，在《易经》六十四卦里，每卦六爻，居中是二、五，一个是上卦中位，一个是下卦中位，居中肯定是吉祥的；而一、三、五是阳爻的正位，二、四、六是阴爻的正位。《易经》的每一卦中，如果爻又居中又居正，那就是"自天佑之，吉无不利"。

"守之贵，行之利，廓之配天地。""守之贵"，我们要守住仁义中正的圣人之道。后面周敦颐先生还会说："天地间，至尊者道，至贵者德而已矣。"道德是最珍贵的，守住道德、守住仁义中正之道，那就是贵，是值得尊重的人。失去了仁义中正之道，哪怕发财了，当官了，也是小人。这里的君子、小人是在道德上说，不是在权势上说。

"行之利"，用仁义中正这一套在社会上过日子，在自己的工作中实践。我起心动念、行住坐卧，一切因缘无不浸透了仁义礼智信，则利莫大焉。什么利？良心守住了，道德无损，这是最大的利。升官发财是身外之物，在道德上、精神上未必是有用的。

我们首先要追根溯源，在道德上、在良心上、在智慧上真正看到"行之利"。

"廓之配天地"，廓就是扩充的意思。不仅自己要身体力行，还要把仁义中正的圣人之道传播到整个社会，这是与天地同德。如果能够把仁义礼智信推广开来，比如推广国学宣传，在社会上介绍孔孟老庄，就是"廓之配天地"。这是天地之德，生生不已。

"岂不易简！岂为难知！"圣人之道就是仁义中正，就是一个"诚"字，这个难知吗？不难知呀！我们每个人只要放下自己的私利私欲，就坐在"诚"字上，坐在自己的真如之上，一点也不难知。它与我们不离分毫，就在我们的身心性命之中。"岂不易简！"非常简单。就在我们心里，多简单？既简单又方便。

就怕什么？怕"不守，不行，不廓耳。"有人嘴上说一套，真干起来又是另一套，这就不行。知行要合一，我们所作所为一定要守住这个道。孔夫子说："吾道一以贯之。"所有的事都归到这个事情上，还有什么不好办的呢？就怕你不坚守自己的道德，不去实践仁义礼智信，不去扩充。这就是道，什么叫有道之人，什么是行道之人？仁义礼智信就是菩萨道，行仁义礼智信就是菩萨行，学道、守道、行道就是这么回事，既简单又明白。

师第七

　　或问曰："曷为天下善？"曰："师。"曰："何谓也？"曰："性者，刚柔善恶，中而已矣。"不达。曰："刚，善：为义，为直，为断，为严毅，为干固；恶：为猛，为隘，为强梁。柔，善：为慈，为顺，为巽；恶：为懦弱，为无断，为邪佞。惟中也者，和也，中节也，天下之达道也，圣人之事也。故圣人立教，俾人自易其恶，自至其中而止矣。故先觉觉后觉，暗者求于明，而师道立矣。师道立，则善人多。善人多，则朝廷正，而天下治矣。"

古代的老师不好当

古代社会讲天地君亲师。"天地"是我们的依报，自然赖以依存的土壤。没有天地就没有我们的立足之地，要把天地敬畏供奉起来，一定要尊重天地。"君"是社会的守护神，是掌控国家的最高权力机构。如果离开了政府权力架构，社会就无序，就成了野蛮世界。"亲"即指父母，没父母哪有我们？"师"，能否把学生带到道的路上去，带上大道之路？什么叫师？行圣人之道，以圣人之道教化社会的才有资格称师。

"曷为天下善？"佛教讲布施，财布施是善人，法布施是菩萨。菩萨是把佛的智慧解脱之道传播出去，而孔夫子是至圣先师，是把尧、舜、禹、汤、文武、周公之道传承下来教化社会。天下最伟大最光辉的就是师，所以说师是"天下善"。

"何谓也？"这些文章不好读，但却是我们心性修养的钥匙。心性修养就从这里下手。因为"性者，刚柔善恶，中而已矣。"我们的心性到底怎么回事？每个人性情禀赋不一样，或刚一点，或柔一点，或善一点，或恶一点，各自参差不齐。还有的人前几年很刚，后几年很柔。还有的人在张三面前很善，在李四面前很恶，都说不清楚。正是有这种种的差别，才提出"中"的理念。"中而已矣"，师道就是要把人们刚柔善恶不齐的心性，调到"中"的地带，如琴师调弦，不能过紧，不能过松，要恰到好处。这话很多人不懂，故曰"不达"。

什么叫"刚善"？刚表现为善的方面在哪里呢？"为义"，义就是"义之和"，不是利己而是利他的。"为直"，心性正直，不是歪斜扭曲的。"为断"，行事果断、判断准确，而不是狐疑不决、优柔寡断。"为严毅"，我们常说严父慈母，为什么是严父？既然扬善，一定要有严毅的派头。领导是阳，被领导是阴；我是阳，我以外的就是阴。严是生活操守问题，毅是决断力问题。精神力量提不起来，那怎么行呢？没有稳定性、长远性也不行。"为干固"，干，主心骨，自己心里要有主心骨，自己是家庭的主心骨，在社会上也要有主心骨。固，就是稳定性，不是一击即碎、一推即倒的。这一定要固，要有稳定性、坚韧性，有不可动摇的精神在里面。

我们再看"刚恶"的一面。"为猛"，一言不合白刀子进红刀子出，猛不猛？与人打交道，三句话脾气就来了，很猛，这不好。"为隘"，心胸狭隘，自卑的人往往非常清高，清高也是一种狭隘，看起来很刚，其实是狭隘。狭隘是刚恶的一种表现，眼不容针，容不下是非，这些都是狭隘。"为强梁"，根本容不下别人，霸王主义，欺负他人，这都是刚恶的方面。

柔善的方面："为慈，为顺，为巽。"慈爱是柔，把自己的心调柔一点，别那么生硬，男以阳刚为美，女以柔顺为美。人事关系一定要调顺和谐，不能相互抬杠。上面交代的，下面要顺从执行。夫妻、父子、朋友之间要顺，不能什么事都抬杠。顺是柔美的表现，温良恭俭让其实就是一个"顺"字。顺，就有和谐的感觉。心顺、人顺、事顺，多好。别去制造是非，弄得别人心里不愉快。顺，恰恰是柔性的功能。过刚的人一定要好好体会顺的柔之美这样的感觉。"为巽"，巽是风、是木，是服从的意思，有柔性。玻璃很硬，一击就碎；钢虽硬，还有柔性。

老子见商容，商容问："你看看我牙齿还有没有？""没有了。""舌头还在不在？""在。""舌头柔，牙齿刚，刚靠不住，柔还靠得住。"天下许多道理几乎都在其中了，柔弱胜刚强。风有柔性，树木也有柔性。另外巽还有规矩在里面，无规矩不成方圆。这都是柔之善。

柔，也有恶的一面。"为懦弱"，懦弱的人没有志气，干事缩头缩尾，不行。"为无断"，三国官渡之战，袁绍十万大军，猛士如云，而曹操只有二万兵马，很多人都不看好曹操。只有荀彧分析袁绍是好谋无断，可以决战。果然，曹操的二万人击败十万袁军。这就是"无断"，生活之中也是一样，有所成就的人一定是干净利落、敢于决断的。当然，决断前要慎重，一旦决定了，就要雷厉风行。"为邪佞"，还有一种柔恶叫邪佞，就是喜欢说好话、奉承话，见人说人话，见鬼说鬼话，在有钱、有权、有威风的人面前，一副奴才相，这都是柔之恶。

"惟中也者，和也，中节也，天下之达道也，圣人之事也。"刚柔具有善恶的两面，所以刚柔都要居中而行。"惟中也者，和也"，春夏秋冬，四时循环，绝不能过，一过就成灾。我们的身心性命也一定要居中守中。和也，和谐，恰到好处。"中节"，射箭要射中靶子，干事要干到点子上，不能偏离自己的目标。怎样使自己"发而皆中节？"事情总在变化中，新的因缘、新的关系、新的麻烦总在不断涌现。怎样使自己在复杂多变的环境里事事中节、弹无虚发？这就是能力的表现，就是一个字：“中”。“天下之达道也”，就是最高的修养，无论是起心动念，还是待人处事，都要恪守正道、中道，不是天下之小道，不是天下之邪道。天下都必须走这个道，学圣人之道。

“故圣人立教，俾人自易其恶，自至其中而止矣。”为什么“师”有这么崇高的地位？就是代圣人立教。圣人立个标准，好让大家“自易其恶”。让大家对照看看怎样使自己进入圣人之道，这就是不断调心的过程，后面还有很多地方都谈让人迁善改过的道理和方法。

让人“自易其恶”，积极主动改正自己的错误。错误一定要自己改，别人敲打也要通过自己来改正，否则不起作用。家长给小孩子做再好的伙食，饭还是要孩子自己吃，不仅要自己吃，还要自己消化才行。自己走上圣人之道，自己明白心性修养的方法路程，才能自易其恶。但是矫枉过正也不行，要“自至其中而止矣”，真理多走半步也会成谬误呀。

有位老板入山修道，把公司捐出去了，后来又重新打工做事，这不是蠢吗？爱心也好，善心也好，都不要过，过了就会坏事。“中而止矣”，仁义礼智信，都是“中而止矣”，不能太过。李白诗里写道：“常怀抱柱信，岂上望夫台。”“抱柱信”就说一个叫尾生的人跟女朋友约会，突然山洪暴发，大家都跑了，可他抱住柱子不走。别人问他为什么不走，他说约的就是这里，不能换地方，不能换时间，结果最后被淹死了。这样守信就过了，还是要通权达变，为国家为民族，大节是不能动的，小节可以动，“君子贞而不谅”嘛。但一定要居中，要“自至其中而止矣”。《易经·乾·文言·九三》说：“知至至之，可与几也；知终终之，可与存义也。”艮卦说：“君子以思不出其位。”我们做事到什么份儿上，不能乱走，“画蛇添足”的寓言故事也说明要守中而知止。

"故先觉觉后觉，暗者求于明，而师道立矣。"当老师不容易啊，要让这些学生从迷茫回归于智慧，关键是把中正之道传授给他们。这不是在课堂上学了什么是中、什么是正就能明白的，必须在日常生活、工作中手把手来调、来教。

古人教学生，有些一年半载，有些十年八年，有些要二三十年，才能把最高最妙的感觉找到。不像现在的老师，古代老师要负责学生一辈子。学生有不好的地方，是老师的耻辱，老师因为学生的过失而自行了断的都有，那是为了师道的尊严。师道就是中正，要让学生学习中正并回归于诚，使之进入"诚神几""诚几德"的境界，那可是呕心沥血呀。如同老母鸡孵小鸡，精诚所至，21天守护在窝里，非常专心，决不离开，决不放弃。

"暗者求于明，而师道立矣。"暗者是不明圣人之道的，或有悖于圣人之道的。但通过先生持之以恒的教之、育之，使他们能由暗转明，从"匪仁，匪义，匪礼，匪智，匪信"的荒唐进入仁义礼智信的殿堂，具备了中正之道，师道才算有所立了。

师道用什么方式来考核？师道在什么地方展现？就在下面所说一系列的运化之中。"师道立，则善人多。善人多，则朝廷正，而天下治矣。"一个国家、一个民族有没有凝聚力，国家到底是正气盛还是邪气盛，教育到底是成功还是失败，首先看师道。离开了师道，还谈什么教育？"师道立"，有个直接的示范，就是能以身作则，教育天下贤才。孟子说人生有三乐，其一为"得天下英才而教育之"，佛祖也欢喜大家都能成佛嘛。"善人多，则朝廷正。"权力和财富由君子掌控，社会就是光明的；权力和财富由小人掌控，国家和民生就有麻烦。君子就是善人，是充沛着仁义礼智信的力量，又中道而行的人。

　　而致力于君子之道的后生，必须要通过老师来调教，不然其中的火候和分寸难以把握。南怀瑾先生的老师袁焕仙老先生与人讨论什么是"中"，他拿了根火柴棍，问："哪里是中？"有学生说："火柴棍中间呀！"袁老太爷把火柴棍从中折断，问："现在中在哪里？"万事万法都在变动之中，怎样使我们的心思、行为、举措各个方面都能得中？的确需要老师手把手地调教。公务员队伍、老板队伍、白领队伍都要上仁义中正的课。君子在朝就是泰卦，内君子而外小人，自然就天下平了。如果是否卦，内阴而外阳，内小人而外君子，内部阴暗得要命，国家民族就不堪。君子之道消而小人之道长，那就麻烦了。所以，天下治乱，关乎师道。教育体制改革，必须要确立师道，什么是师道？就是圣人之道。什么是圣人之道？仁义礼智信，中而止矣！

第三讲　圣功之本，吉凶之机

幸第八

　　人之生，不幸不闻过，大不幸无耻。必有耻，则可教；闻过，则可贤。

如实了解自己

　　幸是什么？幸运，幸福吗？幸就是吉，人生一辈子吉祥如意多好。但很多人身在福中不知福，一旦失落了、遇麻烦了、走入绝境了，才会对平淡的生活、平和安宁感到由衷的怀念。如何保持我们的吉祥？很多人看相、算命、搞风水都是希望人生顺达吉祥一些，而忽视了为什么会有麻烦，为什么会走入绝境。

　　"人之生，不幸不闻过，大不幸无耻。"谈到不幸的根源，就是"过"，大不幸的根源就是"无耻"。不幸就是麻烦，大不幸就是走入绝境。平常的人往往习惯性地文过饰非，忽视自己的过错，无视自己心性的弱点。我们很仰慕古往今来的圣贤，圣贤为什么能成为圣贤？"闻过，则可贤"，知道自己的过错和弱点。《道德经》说"知人者知，自知者明"，"圣人不病，以其病病，是以不病"。人必须要有自知之明，对自己的心性结构、自己的能耐必须有所知，但如实地了解自己并不容易。另外，"胜人者有力，自胜者强"。什么叫强？自胜者强。自己战胜自己，把自己的弱点克服掉。

自强的前提是"闻过"，人并不是生来就圆满无缺的，后天的熏染，家庭、学校、社会的教育更不可能十全十美，眼耳鼻舌对外界信息的摄取往往顾此失彼，不可能把整个社会、整个人生、整个心性最优美的地方都完整地掌握在自己身上。在人生的旅途中，心性的不圆满是每个人都存在的。以刚柔善恶为例，每个人的心性都能放在刚柔的中正状态吗？非常难。

"人之生，不幸不闻过"，如果自己一生不知道自己的过错，不知道自己心性上的缺陷，将会是很悲哀的。过的根源在哪里？有的是在性格上。性格上有哪些缺陷？用佛家的语言讲就是酒色财气、贪嗔痴慢。我们在日常生活里是否认真反省过自己的心性，反省过自己心性的结构？

优秀的人为什么优秀？他的性情、他的人格魅力到底怎么表现出来的？一个有英雄气、山林气、庙堂气的人所展现的形象就不一样；一个仁义礼智信五德俱备的人，他的人格魅力也完全不一样。如果一个人不仁不义、无礼无信，会处于什么样的状态呢？一个暴躁的人、一个小肚鸡肠的人、一个吝啬的人会拥有什么样的社会关系呢？你的社会关系、社会地位、运气走向，往往都跟自己的性情有密不可分的关系。

我们交朋友，要交直友、净友，不要交佞友。朋友之间多互相批评和自我批评，开点生活会，大家相互关照。古代有些书，如刘宋时期的《世说新语》、三国时期的《人物志》都对人做了种种分析。

从道德上、性格上、才华上分了十几个层次进行剖析。智勇之士、文辩之士、谋略家、隐士等分别具备什么样的才情，有什么光彩，有什么弱点，作者都进行了如实的剖析，目的就是使后人有所借鉴。古代，特别是乱世，需要英雄，需要非常之人，对人要求是很高的。不像我们现在过一辈子都不知道怎么安放自己的心性，都是一笔糊涂账，很窝囊。有几个人敢于对自己的心性下刀？这里投资，那里投资，就是不愿意在自己的心性上投资，这是很可悲的。如今中国很多人抱怨现在没诚信、没教养，原因就是我们离圣人的学问太远太久了。

过，一个是心性上、性格上的麻烦，另外一个是智慧上带来的麻烦。你的智慧浅，就看不到全部的因果关系。如同下棋，只能看一步下一步，没有看到七八步外的智慧和能力。人生旅途中、工作上盲区太多，糊涂太多，料理生活、工作就会产生种种失误。过就是失误，一方面是自己性格带来的，另一方面是智慧不足带来的。这些麻烦会给我们带来悔恨，如《易经》所说的"吉凶悔吝"。不闻过，带来的麻烦基本上是"悔吝"，就是惭愧。惭，就是不如别人；愧，做错了事情，愧疚。对不起朋友，产生愧疚的感觉，的确不舒服。

无耻的后果就不仅是惭愧悔吝，往往是凶了。"不幸不闻过，大不幸无耻。"什么叫无耻？知过不改，不以过为耻，反以过为荣。杀人放火的人难道不知道杀人放火的罪恶？偏偏一意孤行，这样的人往往是无耻之人。其后果就是进监狱，为整个社会所抛弃，为社会所不容。大不幸呀，一个人处于无耻的状态，你说这有多不幸！

但现在很多的人不知道礼义廉耻的"耻"，既然都不知耻了，还怎么知过？怎么会生起对仁义道德的向往之心呢？对此，我们一定要警觉，要敢于面对自己的过，对无耻的精神状态要像戒毒一样，壮士断臂，做个了断。

反过来说，如果一个人还有知耻羞愧之心，"必有耻，则可教"呀。唯识学的"五位百法"里，详细讲述了善恶的各种精神状态，"惭愧"属善心所，是善的一种精神状态。一个人有惭愧的心，就能知过改过，走上正确之路。无惭无愧，属恶心所，是恶的一种精神状态，因为断了向善之路，所以没有改过自新的机会。有耻则可教，一个人能够重新走上正轨，一定要有知耻心。

什么叫知耻？荣誉感、自尊心尚未泯灭。不论是小孩子还是青年人，一定要有知耻之心、羞恶之心。有个女孩子打禅七走火入魔，又哭又闹，怎么拉都拉不回。有人去脱她的衣服，激起她的羞愧之心，癫狂一下子就被止住了。知耻在佛教里叫善根未断。

"必有耻，则可教；闻过，则可贤。"《邹忌讽齐王纳谏》里记载齐王对众臣说："群臣吏民能面刺寡人之过者，受上赏。上书谏寡人者，受中赏。能谤议于市朝，闻寡人之耳者，受下赏。"现在机关、政府工作人员能不能有古代的优良作风？能不能有这种敢于鼓励别人提意见的作风？自己要了解自己还是很难的，所谓当局者迷，旁观者清。别人看你清清楚楚，自己看自己往往是盲区太多，看不清。所以我们要形成闻过的良性机制，反复地对自己的所作所为、所思所想进行评判。

《论语》里曾子说："吾日三省吾身！"有这样的思维习惯，性格、性情中过错一定就会少。还要多结交敢于向自己提意见的朋友，即所谓净友、直友，我们在生活工作中才会少犯错误，不让自己的人生走上麻烦的轨道。有净友、直友在精神上互相敲打、互相提醒，这是圣贤的作为。"仲由喜闻过"，孔夫子的学生子路最喜欢别人给他提意见。我们也不能养成讳疾忌医的习惯，那会延误病情，乃至于延误性命。

思第九

> 《洪范》曰："思曰睿，睿作圣。"无思，本也；思通，用也。几动于彼，诚动于此。无思而无不通，为圣人。不思，则不能通微；不睿，则不能无不通。是则无不通生于通微，通微生于思。故思者，圣功之本，而吉凶之几也。《易》曰："君子见几而作，不俟终日。"又曰："知几，其神乎！"

好好体会"无"的感觉

朱熹也曾感叹，这段不好讲。《尚书·洪范》里谈到了"敬用五事"："一曰貌，二曰言，三曰视，四曰听，五曰思。貌曰恭，言曰从，视曰明，听曰聪，思曰睿。恭作肃，从作义，明作哲，聪作谋，睿作圣。"这是对"貌言视听思"的高度概括，非常精到。

貌，我们都应注重自己的形象，政府、企业都应讲究自己的形象。貌要怎么样？"貌曰恭"，"恭作肃"。小混混的形象、无所事事的形象、暮气沉沉的形象就不好。我们应该有朝气，政府官员应该有正气，有公正廉明之气，有成就的人一般会表现出气宇轩昂的精神风貌。

"貌"首先是恭敬的"恭"，是敬业的气质，敬业精神永远有种朝气。当然，恭还自然带有谦卑待人的韵味，这样身上就有祥和之气。《尚书·洪范》是对最高领袖说的话，最高领导应该如何把控自己的形象？要恭，更上一步还要肃，坐在那里有威肃感，使人不敢冒犯，政令能畅通无碍。

"言曰从"，"从作义"。言语是心灵碰撞的前提，如何使自己的言语得体，使语言雅起来？用佛教的话讲就是要进入语言三昧。语言是解决困难的有力武器。人与人沟通，首先要让人听得懂你说的话，要简洁、明了、清晰，这就是"从"。"义"是治理的意思，文书、律令是文字，是固化了的语言，礼乐刑政都必须通过语言文字来表达。所以我们要看到语言的重要性，从而修炼好自己的语言，为生活和工作服务。

"视曰明"，"明作哲"。使我们的眼睛入木三分，明察秋毫，不被外部虚幻的世界所蒙蔽，进一步由明为哲。

"听曰聪"，"聪作谋"。耳朵亦复如是。兼听则明，偏听则暗。能听能闻为聪，判断决断为谋。

"思曰睿"，"睿作圣"。"心之官则思"，"夫心者，神明之主"，所以《洪范》这里着重在心上。掌控"貌言视听"的是心。离开了心，貌无所谓貌，言不知所云，耳朵、眼睛也掌控不住，视之不见，听之不闻了。为什么？心不在焉嘛！

我们每个人都有思想，每个人都在思维，怎样把自己的思维调整到睿智的频道上？大家都想智慧无碍，不想处于愚昧状态，就要在"思"上下点功夫。我们对自己的精神世界、思维能力进行反省没有？优秀的人是怎样用心的？爱因斯坦是怎样用心的？伟大的思想家、政治家、工程师、艺术家都是怎么样运用自己的思维程序，怎样驾驭自己的情感的？这个需要认真去思考。

我们的智慧有个目标，就是睿；睿还有个目标，就是圣。对睿智的人我们很向往，对圣贤更是向往。学国学，对古代的圣贤，我们是非常仰慕；学道家的人，对老庄非常仰慕。但你要想：他们能成为圣人，我为什么不能？其中的道理、其中的窍门在哪里。《洪范》就告诉了我们答案："思曰睿"，"睿作圣"。这六个字不好理解，周敦颐在《通书》里做了很精到的发挥。这些发挥渗透在《通书》第一章到第五章，包括第七章，它们是层层相因、环环相扣的。曾经有人跟我说：《通书》的结构好像是乱的，能不能规范一下，同类的一块讲，不同的分开讲？他不知道《通书》四十章是一以贯之，环环相扣的。

　　怎样使自己的思维能力由睿而圣？这里进一步谈了："无思，本也；思通，用也。"什么叫无思？只要离开了无梦睡眠，我们的思维都在动用之中，像长江之水波波相续、一往无前。但什么叫无思，而且还是根本？《易经》说："易，无思也，无为也，寂然不动，感而遂通天下之故。"怎样进入无思的境界？佛教说"如如不动，动亦如如"。无思，很不好解释。

　　我在讲《庄子》的时候提过"夫昭昭生于冥冥，有伦生于无形"。"无思"，我们先把它界定于无知，即精神里的"无"。《道德经》说："天下万物生于有，有生于无。"黑板上一个字都没有，我们在黑板上就可以书写文字，但黑板上写满了字，你还能继续书写吗？我们精神运动的平台必须是无，如果精神的平台是有的话，我们的精神就寸步难行。

　　赵州老和尚有个公案。他说："如人在夜里书字，迹虽不见，而文采已彰。"若是在晚上，我在空中写了个"大"字。"大"字有没有？能看见吗？白天都看不见，何况是晚上。可是我写了，你说没有写，但我的确写了一横、一撇、一捺。我们的心是不是也如此？前念后念、千念万念相续，但心里有吗？没有。正是我们精神里的"无"才能承载无穷无尽的精神内容。大家好好体会"无"的感觉，这叫悟道，这是精神的最高境界，所以说"无思，本也"。

我们要把精神的根本找到，就是无思、无虑、无为的状态。如果离开了这种状态，用《大学》的话讲："身有所忿懥，则不得其正；有所恐惧，则不得其正；有所好乐，则不得其正。"在酒色财气、是非烦恼中还能得正吗？精神最好的状态就是平常心。我们的精神没有被酒色财气、名闻利养绑架，就是赤条条、净洒洒的空灵状态。空灵，你说有什么具体内容？没有具体内容。你说它没有内容，它又是活泼泼的精神。这就叫"无思，本也"。

我们的根本要立足在这里。有了这个前提，才能谈得上"思通，用也"。我们每天使用精神都没有付款，好像可以无条件地消费它，这是很蠢的感觉。很多人不睡觉，工作狂，这不好。一定要时常使自己处于无思、安宁的状态，进入淡泊明志、宁静致远的状态。要有这样的基础，才能"思通，用也"。什么叫用？就是思维无碍。面对任何麻烦问题都能迅速、准确地解决。我们的精神、我们的所作所为能达到"思通"，就非常不得了。

看心里的云起云落

"几动于彼，诚动于此。无思而无不通，为圣人。"这几堂课，经常谈"几"，几兆、机遇、商机、战机，这个"几"太重要了。不会捕捉机会的人，不会成为优胜者；不善于认识危机的人，肯定是失败者。"几动于彼"，市场经济中各种各样的几兆都在涌动，有吉祥的几兆，有凶险的几兆。如果前面有荆棘，前面是沼泽地，你不要去；如果前面是顺境、阳光大道，你赶快靠拢。"诚动于此"，什么叫诚？就是无污染的精神状态。前面有机会，但是我带着侥幸心、情绪心，就会干扰自己的判断，就会失"几"。

面对种种"几"，一定要心明眼亮。心明眼亮不是件容易的事，只有"诚动于此"的人，才能料理"几"。圣人们讲"几"的时候，就会讲"诚"，目的就是让我们眼睛不要只看见外面事物的云起云落，关键是看心里的云起云落，看我们的心之动。什么叫有，什么叫无？我们意识的阀门一旦打开，就什么都有了。当我们的精神阀门启动的时候，或善或恶的东西就出来了，我们的情绪、动机都在萌动之中。面对精神萌动时，一定要有"警察"在脑门上管住自己念头的涌动，到底是正确还是错误？到底是善念还是恶念？到底是不是符合仁义礼智信？

"见几"，一定是见自己心里一念之萌。深入的修行里，看重的是自己内心世界的来去，而不太关注外部。只有把自己内心世界料理好了，才能料理外部。还是那句话："知人者知，自知者明；胜人者有力，自胜者强。"对于"几"的认识，很多人把它当成外部事物了，其实还是要回归于内心。"几动于彼，诚动于此"，都是我们心里念头起落的时机。要把几兆看住，凭什么看住？一定要诚其心，使我们的精神处于无污染的状态、引而不发的状态，才能达到"喜怒哀乐之未发谓之中，发而皆中节谓之和"的境界。

"无思而无不通，为圣人"，怎样达到圣人的境界？《易经》里很推崇"不行而至，不虑而得"的境界。有经验的人，思维能力高的人，像科学家、艺术家、高明的政治家都有这样的能耐，不思而通。很多事情凭直觉就能料理，还要反复去策划就贻误大事了，这样分析、那样分析就错过机会了。高明伟大的人一定是"无思而无不通"的。

什么叫"无为而无不为"？"无为而无不为"与"无思而无不通"就是同语反复，就像我们上楼时会费心思计算步子抬多高吗？如果吃饭，还会去数碗里有多少粒米吗？眼自见，耳自闻，乃至于五脏六腑的运化都无须我们画蛇添足似的去用心，作为一个生命体就会自然通泰于其中。

庄子举了个公案，"夔怜蚿，蚿怜蛇，蛇怜风，风怜目，目怜心"。夔是传说中独腿的怪物，只能跳。而蚿蚿有一千条腿，夔说：哇，它是怎么走路的？如果去学，只要多想想，可能都不会走路了。这个需要去想吗？迈开大步向前走就行了。我们很多事多想几次，反而越想越糊涂了。"无思而无不通"，人人都有这样的境界能力，但被我们的经验、被自以为是的种种知识限制住了，就不能进入"无思而无不通"的状态。

下面又说"不思，则不能通微；不睿，则不能无不通"。每一个人都希望自己的思维能力就像升了级的计算机一样运算又快又准确无误，但是功夫在哪里？功夫就是"思"。佛教提出了"思维修"的概念。《易经》里讲："君子学以聚之，问以辨之，宽以居之，仁以行之。"怎样活泼、优化我们的精神思维能力？如果不思，就不能通微。什么叫玄妙？就是见人所不见、行人所不能的本事。怎样使自己明察秋毫、洞若观火？就要在思维上进入特定的程序，这个就叫"思"。

说实话，人的思维非常简单，古往今来的思想家、哲学家都给了我们答案，就是从"是、不是"这三个字开始的。我们的精神运动从婴儿开始，就生活在"是、不是"的世界里。"是"，肯定判断；"不是"，否定判断。是？不是？你以为是的地方，不是。不是的地方，我要判断它是。是？不是？可以来来回回进入辩证逻辑判断。"是、不是"本来是形式逻辑，但是"是"作为一个肯定，又可以把"不是"这个否定给肯定了。"不是"本来是用来否定"是"的，但"是"也可以用来肯定"不是"，可以有好几个反复。

我们从小到老对善恶的判断、对是非的判断、对工作的判断、对大局的判断、对艺术的判断都离不开"是、不是"三个字。这三个字就是逻辑的开端，不论是形式逻辑，还是辩证逻辑，它就是人理性的根本所在。这个功夫人人本具，为什么别人能发挥到极致，为什么别人能成为黑格尔、爱因斯坦、比尔·盖茨，你成为不了？就是没有把这套程序弄好，就是因为受到了干扰，受到了喜怒哀乐、酒色财气、名闻利养的干扰，使得自己懈怠、麻木。麻木是过，没有朝气也是过。怎样使自己有朝气、有活力，进入睿智的境界？就要"思"。

"思"不是天天打妄想，而是回归到精神的原点。就是"是、不是"三个字，不受情绪知识经验的干扰，是一种精神的回归。"不思，则不能通微"，很多事本来一目了然，可我们戴着有色眼镜，受到经验情绪干扰，就是看不见。"思"就是回归，回归到寂然不动，回归到"本也"的状态。

"不睿，则不能无不通"，"思"需要优化到睿智的状态，睿智也就是"无思，本也"。如果我们的精神回归原点越彻底，就越像《道德经》所说："为学日益，为道日损，损之又损，以至于无为。"要搞学问那多多益善，为学日益嘛。为道则要做减法，净化我们的精神。就像用了几年的计算机要重新恢复活力，就要把所有资料删掉，重新归于无。"不睿，则不能无不通"，睿智是清爽无负担，才能有感则应，才能"感而遂通天下"。

有的小孩子五六岁就能够背《易经》，背得比我都熟。也没人叫他背，只是在车上听录音，就无意之中背下了。你想多厉害？这就是处于睿智状态。不能小看小孩子，那是真正处于睿智、无污染状态。有个小朋友才六岁，大人几天搞不懂的游戏，他几分钟就搞懂了，原因是没有负担，精神没污染。很多人认为经验就是一切，知识就是一切，错了。只有给我们的心做减法，精神才能空灵起来，飞机太沉重了会飞不起来的。

"是则无不通生于通微，通微生于思。故思者，圣功之本，而吉凶之几也。"前面有了铺垫，后面就简单了。要"无不通"，成为非常厉害、非常有能力的人，首先要"通微"。如果不能见"几"，没有见微知著这些功夫，一小点事情就把你障碍住了，怎么"无不通"呢？"通微生于思"就是要料理我们的思维能力，料理我们的思维结构。

什么叫"圣功"？圣人的功勋，圣人的作为、能力。"圣功之本"就是"思"，圣人的心思、精神状态跟凡人不一样的。我们的精神状态和精神内容本身就具有吉凶之"几"。不光是江湖上机会满布，广州大街上也到处可以发财，但同样可能把你送到监狱里去。发财和进监狱也就是一念之动，这就是"几"，吉凶之"几"就在这里。

《易》曰："君子见几而作，不俟终日。"还要等到明天吗？不，见机而作，这是果断的行为。有的人优柔寡断，那就不是君子。吞吞吐吐也不行，成了"刘玄德"（悬得，四川话，磨磨蹭蹭的意思）同志。一定要见机而作，要有果决的精神。什么叫当机立断，什么叫大丈夫？绝不会吞吞吐吐、犹犹豫豫的。"又曰：'知己，其神乎！'"把我们的精神料理好了，我们就"神"了。

志学第十

　　圣希天，贤希圣，士希贤。伊尹、颜渊，大贤也。伊尹耻其君不为尧、舜，一夫不得其所，若挞于市；颜渊不迁怒，不贰过，三月不违仁。志伊尹之所志，学颜子之所学。过则圣，及则贤，不及则亦不失于令名。

怎样成为贤达之士

　　人生要想辉煌起来，无非四个方面：立志、炼性、开眼、致用。人的一生一定要有所作为。有些学佛学道的人在山里一个蒲团上了此一生，有的是为道，更多的是逃避生活，不好。人生在世，有自己的责任，应当为社会多做点贡献，这需要"志"。在中国传统文化里，尤其是儒家文化圈，"志"是非常明确的：学圣贤之道，成圣贤之人，做圣贤之事。

　　"圣希天，贤希圣，士希贤"，就是做圣人的三重境界。圣人"希天"，天是什么？就是天道。"希"是目标、希望的意思，圣人希望自己的境界能够回归天道。"贤希圣"，贤人希望能够达到圣人的境界。作为一般的士（我在第一堂课就呼吁重振我们士的精神，现在整个中国士精神是非常缺乏的），希望成为贤达之士。贤，要落实在仁义礼智信上，不是徒有虚名的。

　　怎样在社会上成为贤达之士，是士人一直追求的自我目标。我们没有圣人的境界，想要达到天道是不可能的，那是圣人的情怀。贤人希望自己达到圣人的境界，也是很困难的。古人把孔夫子、伊尹作为终极目标来追求，范仲淹、苏东坡、欧阳修也不可能把自己放在孔孟的地位上，他们也就是做个贤人而已。但作为一个士，希望达到贤人的境界，在古代是比较现实的。历代都有名臣、名士以及各种各样的高士，所以贤这个目标还是能够达到的。只要我们有心于斯，优化我们的智慧，美化我们的道德，几年的工夫就可以达到贤人的境界。

伊尹，之前是个奴隶，烹饪技术很高明，但不为夏桀所用。后来投奔成汤，成为宰相，成汤待他就像刘备对诸葛亮一样。后来伊尹帮助成汤灭掉了夏朝而建立了商朝。《尚书》里的《伊训》《太甲》等几篇都有非常高的境界。《道德经》讲"治大国若烹小鲜"，就是因为有伊尹这个案例，将怎么把一桌的酒菜弄好演示为治国的方略。

"伊尹耻其君不为尧、舜，一夫不得其所，若挞于市。"这里就谈到了一个"耻"字。伊尹觉得自己在为国君服务，如果不能把国君辅佐成尧、舜一样的优秀君主，他深感羞耻。诸葛亮没有辅佐阿斗成为尧、舜也是诸葛亮的耻辱。成汤去世后，伊尹辅佐成汤的孙子太甲，这个小君主开始只知道享受，不知道励精图治，伊尹就把他放逐，弄去劳动改造。过了五六年，小君主改过自新，能当天子了，伊尹才重新把他迎接回来。什么叫"得其所"？每个人都有自己的位，一个人要知位守位。现在讲要有责任感，你在这个工作岗位上就一定要把本职工作做好，干不好本职工作是非常可耻的。

明朝万历年间，意大利人利玛窦来中国传教，先到广东肇庆，后来到北京，很看不惯一件事。当时朝中的大臣，甚至尚书这样的大官都一样会在金銮宝殿上被脱了裤子打屁股，这叫廷杖。西方人情愿自杀也不愿意接受这样的羞辱，但明朝时在君臣之间好像天经地义，父母打儿女也是天经地义。但有荣誉感的人是不接受的，孔夫子说"儒者……可杀而不可辱也"。可后来的人心士气都受到了折腾，朱元璋的文字狱、康雍乾的文字狱等都极大地折杀了士心，大家都没有士的荣誉感了，也不敢有这种荣誉感。怎样恢复士的精神？一定要有荣誉感的振奋！我们工作没做好，有没有"一夫不得其所，若挞于市"，就像被游街示众那般羞辱？恐怕很多人没有这感觉。干得好不觉得很光彩，干得不好也没有羞耻感。过一天混一天，特别是在一些单位里，有些人整天无所事事，这样的氛围很不好。各单位各部门要有朝气，千万别混日子，醉生梦死。要立志，要有这样的荣誉感。

"颜渊不迁怒，不贰过，三月不违仁。"颜渊是孔夫子最好的学生。现在的人经常迁怒，受到领导批评了就批评自己的部下，在这里吃亏了就要在另一个地方捞回来。我们自己要有"不迁怒"的修为也未必容易。

"不贰过"，同一个错误决不犯两次，第一次是不熟悉，就当吃了一次亏，但是你不能因此长一智，那不是犯傻吗？有人说，冯老师，我现在改得多了，还能改。但是"不贰过"的要求是很严的，一定要有这样的精神，同样的错误决不犯两次。我经常给别人提意见，也是有点不好意思。朋友嘛，总不改只好反复提意见，自己也脸上无光。孔夫子赞扬了颜渊"不贰过"，我们要有这样的精神，通过学习《通书》，学习颜渊的"不贰过"，严格自己的人生管理。

"不贰过"，而且三月可以"不违仁"，那一年也可以"不违仁"了。若这样，一辈子也可以"不违仁"了。有人问我如何得"定"？这个不就是定吗？我们平时的思维，滴滴答答得很快，请放慢自己的思维，放慢自己念头的波动。年轻人一秒钟可能产生几百个念头，如计算机一般哒哒哒……，但是我现在一秒钟也就是一两个念头。

如果你一秒钟一个念头，你就得定一秒钟；十秒钟一个念头，你就得定十秒钟。如果你能得定十秒钟，那么得定一分钟问题也就不大了；一分钟能得定，得定十分钟就问题不大了；能定十分钟，一个小时问题就不大了；能定一个小时，三五个小时就问题不大了；三五个小时能得定，一天二十四小时问题也就不大了。道理是相同的，一天不打妄想，可以一个月不打妄想，也就可以一年不打妄想。

其实得定也好，不违仁也好，就是在当下就不打妄想。有了当下一念的清纯，终身受益。我多次讲"正位凝命"，如何使自己的命运凝固起来，确定目标，不受无常的折腾？就需要凝定这种能力。命运的把控就是实现自己念头的把控。什么是命运？就是人生一百年选择的连线。这个选择就是念头之动，你能把选择掌控起来，人生就得智慧自在。"三月不违仁"是落实在每时每刻的当下不打妄想，每时每刻的当下都是心体光明。

"志伊尹之所志，学颜子之所学。过则圣，及则贤，不及则亦不失于令名。"所以我们的立志要高一点，如果立志都不高，这个人的成就也就不敢恭维了。立志要立圣贤之志，能达到吗？不能成为圣贤，起码要有士的精神。最简单就是有羞耻心、责任心。从基础之处步步向上，步步提升自己。"过则圣"，你也可以成为圣人。用孟子的话来说："人皆可为尧舜"，用佛教的话来说："菩提自性，人人本具"，"一切众生皆有佛性，皆可成佛"。"及则贤"，还是可以达到这样的境界的，这和立志有密切的关系。哪怕自己不能完全达到，只要有这个愿力，有这个志向，如实地对身心性命进行修养，哪怕最后没有实现崇高的目标，"不及则亦不失于令名"，也会有一个好名声。

顺化第十一

> 天以阳生万物，以阴成万物。生，仁也；成，义也。故圣
> 人在上，以仁育万物，以义正万民。天道行而万物顺，圣德修
> 而万民化。大顺大化，不见其迹、莫知其然之谓神。故天下之众，
> 本在一人。道岂远乎哉！术岂多乎哉！

公司如何，先看老板

在中国哲学思想里有一条总纲，就是用阴阳来纲领一切。为什
么阳生万物，阴成万物？大家都知道，如果没有父母，怎么生成子
女？如果没有太阳，大地怎么能生成万物？仁、义也分阴阳，仁义
礼智信也分阴阳。所以说"生，仁也；成，义也"。

生，我们要有生生之心，君子要有成人之美，这很大气，很阳光，
天地生万物，这是很仁慈的力量。但是要成，使之成功，使之成就，这
就是义。主观的愿望，要实施起来、执行起来并不是一蹴而就的，需要
付出，需要在实践中慢慢地、一步一步地才能达成。"成，义也"，要
成就圆满一件事，需要付出。大仁大义，仁是内心的，义是付出的，
内在的仁要通过我们行为上的付出才能有所成就。

"故圣人在上，以仁育万物，以义正万民。"圣人，这里可以指
为政者，也可以指像孔夫子这样的圣人。仁怎么育万物？现在谈生
态环保、生物链，如果我们大家都有仁人之心，不去摧残大自然、
不去猎杀野生动物，那么生态就可以平衡。现在讲 GDP，天天做加法。
地球是个硕大的面包，人类社会一亿年把它吃完，地球寿命就是一
亿年；如果一百万年把它吃完，地球寿命就是一百万年。现在的科

学技术、市场经济想的是明天就把它吃完，那我们的子孙后代就没有立足之地了。所以一定要"以仁育万物"。为政者是把社会民众当成敌人，还是当成自己的家人来看待？如果把民众当成捣蛋鬼、刁民，就很麻烦了，为政者的座位就放错了。一定要"以仁育万物"，才称得上是圣人。

另外还要"以义正万民"。道德是义，离开了道德哪里有义？法律也是义，离开了法律，社会也乱套。"正"，就是规范。社会要有规范，老百姓的行住坐卧都要有规范，升官发财要有规范，精神生活要有规范。这种规范，不论是老百姓还是权力机构都要得"正"。孔夫子说："不能正其身，如正人何？"又说："政者正也，子帅以正，孰敢不正？"《大学》说"自天子以至于庶人，壹是皆以修身为本"，都需要正心诚意，格物致知，使自己归于正。你自己正，才有资格当领导人，才有资格当公务员。这样的话，整个社会也就良性循环、阳光普照了，社会也就不会妖魔化了。

"以仁育万物，以义正万民"是非常崇高的理念，要推行下去也不是那么容易。这是时势，大的文化精神背景在这里。古代社会比较单纯，农耕为主，辅以小手工业、商业就支撑了整个社会。现在社会分工那么多，产业那么多，人心那么浮躁，要达到这样的境界不容易。但是不论怎么难，不论社会怎么麻烦，两个字不能忘，就是"仁、义"。

"天道行而万物顺，圣德修而万民化。"不论是明君当道还是暴君当道，天道照样要行，万物照样要顺，其中的因果关系丝毫不爽。人类不论怎么料理，还能把太阳系料理了吗？地球就是毁了，太阳系一样运行，整个宇宙也一样运行。说到天道，我们的眼界就不要局限在地球表面的这一点点。但是"圣德修而万民化"，这是必然的，作为人类社会一定要有"圣德修"的感觉。什么是"圣德修"？法治社会一定要落实，一定要实施，整个社会才能走向良性和谐发展的轨道。落实，领导干部要修德，领导干部无德了，怎么统众？大家都长着眼睛，都有心，心里都有共同的标准。领导干部做好仁义礼智信，下面的人自然就遵循。"圣德修而万民化"，后面一环扣一环的还是讲这个。

"大顺大化，不见其迹、莫知其然之谓神。"中国古人非常讲究"神化"的作用。孟夫子说什么叫美？"充实之谓美"，仁义礼智信充实于我们的身心，这叫美，并不是长相的美丑。一个美女如果行为不端，大家也就不觉得她美了；一个残疾人身上如果具有仁义礼智信的道德情操，大家就会觉得他很美。

"充实之谓美，充实而有光辉之谓大"，光辉释放出去，这叫大。"大而化之之谓圣"，化，指教化。大，是辐射面很广，把周边的人都感化，走上仁义礼智信之路，这就叫圣。"圣而不可知之谓神"，大家都被感化了、优化了，整个社会都纯净了，但是不知道你的存在，就是神。没有榜样，没有先进模范，都良性化了。真正高明的人，不会自吹自擂，身教重于言教。默而化之，这是最高境界。人与人之间交往，通过自己的言语、行为在不经意之间改造别人，这个还可以做到。但是对于整个社会，"圣而不可知之谓神"，莫知其然，这也是一种理想的境界。中国几千年，也没有哪个朝代达到这个境界。

"故天下之众，本在一人。"一家人吉不吉祥，顺不顺当，首先看当家的。一个企业吉不吉祥，顺不顺当，首先看老板。一个国家吉不吉祥，顺不顺当，首先看当权者。清军入关，只有几十万人，后来的疆域比明朝大一倍多。清朝的好几位皇帝日日勤于政事，不敢懈怠。几十万人统治几亿人，能不战战兢兢，如履薄冰吗？明朝的皇帝多憎多疑，万历皇帝三十年不上朝，六部尚书缺了五个，百姓没饭吃，边界有没有问题，这些他根本不管。这样能够料理好国家大事吗？明朝皇帝没几个像样的。但是清朝前期、中期的气象是很好的，甚至后期也还算不错，当然末期是不行了。所以，"天下之众，本在一人"。当家人一定要当好家，自己一定要用仁义礼智信充实起来，包括知过、闻过、知耻，这一切的心理基础都要具备。这对我们的人生、家庭也好，企业、政权也好，都是有好处的。

"道岂远乎哉！术岂多乎哉！"不少人老是要讲究方术，好像治国非要有术不可。殊不知，这些东西越多，社会越麻烦。《道德经》说："故失道而后德，失德而后仁，失仁而后义，失义而后礼。"失礼而后有法令，法令滋彰，盗贼多有，往往是这样。"自天子以至于庶人，壹是皆以修身为本"这个才是根本，而不在于方术上。治理国家、治理企业、照顾家庭，没有那么多复杂事。道不远，就是修身、正心、诚意这一套。方术也不多，就是正心诚意。守住这一条，道在其中，术也在其中。哪怕没有那么多术，道也在其中。

治第十二

十室之邑，人人提耳而教，且不及，况天下之广、兆民之众哉！曰：纯其心而已矣。仁、义、礼、智四者，动静、言貌、视听无违之谓纯。心纯则贤才辅，贤才辅则天下治。纯心要矣，用贤急焉。

诸葛亮为什么给刘备打工？

这里谈到了治，一个国家、一个企业、一个家庭都需要治。一个村子哪怕只有十来户人，每天都有人来向你请教，你就忙不过来了。何况天下之广，百姓之多，应该怎么去教化？前面我们谈到了教化的根本是师道。这里则讲了师道的根本："纯其心而已矣。"为什么外面的世界很乱，其根子就是人心不纯，大家的心都妖魔化了，都是弱肉强食、丛林法则，所以惶惶不可终日。为了不被消灭掉，自己只能被迫强大起来，把自己武装到牙齿，如此整个世界怎么会安宁？

中国的圣贤就不一样，"纯其心而已矣"，就是诚。《中庸》说，"诚者，天之道；诚之者，人之道"，就是在仁义礼智四个方面做到"动静、言貌、视听无违之谓纯"。我们的内心每时每刻都在动静之中，自己的言谈、自己的形象、自己的行为表现，乃至于对外部环境的观察、感受，都不能违背仁义礼智四者，当然还应该有"信"，还是要把"信"加进去。

怎样使自己言貌、视听和行与思不违背仁义礼智信？这是基本功夫，每时每刻都要把弦提起来，把心放在上面，能够达到就叫"纯"。"一日克己复礼，天下归仁焉。"这样的功夫说起来简单，其实也不简单。独处时身心纯净还容易做到，但是在利害、是非、情绪混乱的状况下还能够使自己的内心恪守仁义礼智信吗？什么事情都是从不容易到容易，最后熟能生巧，自然而然就纯了。

"心纯则贤才辅"，作为一个领导而言，要使下边的人全心全意，都有责任心，首先自己一定要心纯。只顾打自己的小算盘，只为个人、自己的家族考虑，而忽视了其他人的存在，贤才是看不起你的。真正的贤才是很有眼光的，知道这个老板值不值得为他效力。如果一个老板小气、吝啬、多疑、暴戾，谁愿意去伺候这样的人？老板做到了仁义礼智信，贤才才会去辅佐他。诸葛亮在荆州放着一个刘表不去辅佐，袁绍的很多谋士也都跑到了曹操帐下，就是这个道理。你要想朋友多、兄弟广，首先自己得像模像样，不然是留不住人才的。"心纯则贤才辅，贤才辅则天下治"，如果没有一个优秀的团队，公司也搞不好。三省六部，如果没有优秀的人才，国家就很麻烦。

"纯心要矣，用贤急焉。"任何朝代、任何企业都有用贤的需求，你去看招聘广告，谁都想把优秀的人招到企业里，关键在于用贤。燕昭王在国家残破的情况下怎样去报仇？怎样把齐国灭掉？他就舍得本钱，筑黄金台来招揽天下的贤士，后来乐毅等人过来辅佐他，强大的齐国差一点就被燕国灭掉了。

中国以前受西方列强的欺负，到现在想要发展，怎能不用贤？怎能不日日思考如何把德才兼备的人安放到恰当的位置上？改革开放几十年，国家迅速繁荣，现在欠缺什么呢？为什么感觉不踏实？国家还是处在危机之中，还需要贤才来治理，"贤才辅则天下治"。"纯心要矣，用贤急焉"，就看当家的有没有意识到人才问题的紧迫性了。

第四讲　礼乐务实，动静安然

礼乐第十三

礼，理也；乐，和也。阴阳理而后和。君君臣臣，父父子子，兄兄弟弟，夫夫妇妇，万物各得其理然后和。故礼先而乐后。

礼向外，乐向内

中国号称礼仪之邦，把"礼""乐"都提到了很高的高度。大家知道我们的文化宝藏中，五经是《诗》《书》《礼》《易》《春秋》，还有一个《乐经》失传了。秦始皇焚书坑儒，先秦流传的音乐就废了。因为"乐"不像其他文字可以背诵，学生得跟着老师一招一式地学，古代的琴谱我们看不懂，现在的琴谱与古代琴谱又不同。敦煌发现的唐、五代乐谱经近百年翻译都还没有出结果，发掘恢复秦以前的乐谱难度就可想而知了，所以《乐经》就失传了。但在《礼记》里还保留了一篇《乐记》，喜欢中国古典音乐理论的朋友可以去读读。司马迁《史记》中也有一篇《乐书》，是在《乐记》基础上的发挥，有深层的心理学内容值得留意。为什么这里讲礼乐？因为乐与心理活动密不可分。乐，是心理的。人的所思、所想、所做、所为都离不开情绪，人的情绪料理好了，思维、行为、语言也就料理好了。所以，礼是倾向于外在的，乐是倾向于内在的。

"礼，理也。"什么是理？讲道理。人是社会关系的总和，在人的社会中有复杂庞大的关系网络，有各种各样的人事关系。不能都用丛林法则，用弱肉强食、优胜劣汰解决问题，要祥和健康地发展就必须有秩序。人类关系中既有朋友又有敌人，既有亲人又有仇人，既有上级长辈又有下级晚辈，如何和谐起来走上有序的路，就要寻求其中的道理。把这个道理阐释出来，就是礼。礼是和谐人类关系网络的纲，相当于渔网的纲绳和铜钱的串绳。

礼首先是家庭关系，夫妇关系。《易经》上说："有男女，然后有夫妇；有夫妇，然后有父子；有父子，然后有君臣；有君臣，然后有上下；有上下，然后礼仪有所错。"

礼要合乎理、名、时。学生要给家长、老师行礼，反过来，老师、家长给学生行礼就没规矩了。大臣要给皇帝行礼，皇帝要鞠躬还礼，也不能反过来。从汉到唐到宋都只有简单上朝揖拜，没有极端化，到明清才叩头，三拜九叩，跪着说话，这就是在向不合理的方向发展了。上下、父母、夫妻、朋友之间的礼都要合理。男女交往也要有分寸，要注意怎样是有礼，怎样是非礼。

礼还和时令有关系。四季有季节的礼，十二时辰有时辰的礼，二十四节气有节气的礼，婚丧嫁娶有相应的礼，弱冠成人之礼、祭祀之礼都与时间有关。主人与客人喝酒，客气一两杯，气氛热烈是有礼；三五瓶醉了，就是无礼。孔夫子也说："唯酒无量，不及乱。"拜访、交谈一两个小时正常，三五个小时到半夜还不走就是无礼了。

"乐，和也。"现在都说和谐，《易经·乾卦·象》曰："保合太和，乃利贞。"我常说天地不可一日无和气，人心不可一日无喜神。什么是和？首先我们精神要和，健康祥和，和气充满而不是戾气充满；人与人关系要和。庄子说："忘足，履之适也；忘要，带之适也；忘是非，心之适也。"走在路上，如果不知道鞋和脚的存在，那么脚一定健康，鞋一定合脚。相反，注意力时不时落在脚上、鞋上，不是脚有伤痛就是鞋不合适，不和谐嘛。如果胃不舒服、有病，心就一直念着它。心住在什么地方，那个地方就有问题，有问题就是不和。我们都有这样的经验，当我很愉快，有喜事来临时，自己都不由自主手舞足蹈，还哼哼几句小调。这就是"乐，和也"的感受。乐，与快乐的"乐"是同一字。我们看《辞源》，"乐"字有 lè、yuè、yào、luò 几个读音，有高兴、喜欢、很愿意、笑、音乐等多种意思。

我们看那些能歌善舞的民族，有歌舞做伴的人内心一定是祥和、快乐的。前面说过，乐与内心、精神世界有直接联系。如今社会很浮躁，时常强调维稳，因为老百姓心里不乐，社会的气象没有表现得很和谐。古人让老百姓安居乐业，就大修礼乐来教化民众。礼乐教化是潜移默化的功劳，不需要讲那么多道理，处在安乐祥和的社会氛围，自然而然，百姓的心就安放在这些礼乐上，不会乱想了。80 年代以来治安状况好了很多，一个原因就是精神文化丰富了，无所事事、惹是生非的人自然就少了。所以，对社会的治理首先要讲礼，也就是一个理，其次要讲乐。现在提倡"幸福广东"，幸福就是一个"和"字。

一个乐（lè），一个乐（yuè）。音乐可以转变人的精神状态。中西医里都有音乐调理精神疾病的疗法。新闻里说有位主持人又去医院看抑郁症了，我估计这位主持人同志音乐玩少了，太严肃太沉重了嘛。如果有高明的人带他去音乐中、去山水里多熏陶，也许就不会复发。所以，礼乐看起来简单，实际上有深厚的心理依据，也有深厚的法制依据和德治依据。

"阴阳理而后和"，中国人不承认阴阳的很少。最大的阴阳，莫过于太阳月亮、白天晚上、男人女人。纯阴不行，纯阳也不行。禅宗公案里有个故事，帝释天王对七贤圣女说："你们修行需要些什么？我一定满足。"七贤圣女说想要无阴阳的地一片，帝释天王顿时郁闷，去哪里找无阴阳的地。一阴一阳之谓道，所以男女要和谐，白天晚上要和谐。有个地产集团的少东家想到我这里听课，可惜起不了早床，因为每天都凌晨三四点才睡觉。我说不用来了，你什么时候能守子时，再来不迟。这是生命的阴阳之道。

我们心里有光明面也有阴暗面，社会有光明面也有阴暗面，怎样使阴阳得理而后和，水乳交融，和谐一体，从而为我们的身体服务，为社会服务？这章马上就指出"君君臣臣，父父子子，兄兄弟弟，夫夫妇妇，万物各得其理然后和。故礼先而乐后。"这就是三纲，当然怎样看待三纲后面还有论述。

《论语》里记载，齐景公问政于孔子，孔子对曰："君君，臣臣，父父，子子。"很多人没理解透彻，黑格尔在《哲学史讲演录》和《法哲学原理》中也认为不过就是同语反复，没什么深意。这可能是翻译问题，没有读懂中国人名词活用为动词的语言。君君，就是当领导的要守好当领导的责任，要有当领导的品行，要以身作则。当领导、当皇帝的像秦二世、隋炀帝那样胡搞，其后果就是把单位、国家弄垮。中国历史上的盛世，如文景之治、贞观之治、开元盛世、宋仁宗盛治等都是当国君的恪守君道，以身作则。

大家都知道开元盛世，当时唐帝国文化、经济、军事都达到了中国历史上的巅峰，因为当时是君君臣臣。君是明君，臣是贤臣。像姚崇、宋璟、张说等都是有名的贤相，治世功夫了得。但是唐玄宗晚年，到了天宝年间，君不君了，"从此君王不早朝"，这责任不能推到杨贵妃身上。宰相由李林甫、杨国忠这样的奸臣担任，臣也不臣了。一场安史之乱，就把世界第一帝国弄得百孔千疮，后来一百五十年都在"住院"，没再强大过，关键就是"君不君"啊。

"万物各得其理"，是责权明晰。君要守君道，要做天下人道德的榜样，奉公守法的榜样。以此类推，臣要像臣，臣有臣的职责；父有父的职责，儿子有儿子的职责；丈夫有丈夫的职责义务，妻子有妻子的职责义务。各得其所，各安其位，这个社会才有序。有序才能和，和了才能乐，乐了的时候自然就有音乐，乐也就在其中了。

"故礼先而乐后"，如果没有规矩，社会就是乱的，人心就是乱的。人心一乱，社会自然不和谐。规则要走在社会繁荣的前面。后面还有《乐上》《乐中》《乐下》（十七、十八、十九）三章，是谈音乐的专章，再详谈。

务实第十四

实胜，善也；名胜，耻也。故君子进德修业，孳孳不息，务实胜也。德业有未著，则恐恐然畏人知，远耻也。小人则伪而已矣！故君子日休，小人日忧。

老实人永远都吉利

这章要重点强调。我们这个社会如今非常浮躁，很多人好大喜功，贪大求洋。现在广告业也很发达，包装、策划、炒作一系列的手法相当丰富。但是我一直很畏惧"包装""策划""炒作"这几个字眼。为什么？我二十岁开始读《通书》，四十年来一直用这章来要求自己："实胜，善也；名胜，耻也。"我们干事要干在实处，我们修行也要修在实处，不能务虚的。现在经常有人在报刊上你写一篇文章，我写一篇文章，互相鼓吹，乐此不疲。说现在有这种资源不用太可惜了，还要把这样的资源用足用够。一会儿气功作画，一会儿禅功作画，云里雾里。当然，现在市场经济嘛，没有名哪来的利，名利是一体的。但我一老头子至今不开窍，把脚跟牢牢站在"实"上，不愿意走"名胜"之路。所以我现在就是青衣小帽，不会有富贵气，但也不会有骄慢气。

中国古代讲究仁信忠恕、礼义廉耻，现在的社会危机很大的根源就在于不知耻。很多人不知羞耻，跑官买官，弄虚作假，不负责任，出了多少麻烦？报纸、电视、网络天天报道都想捞虚名，实事不做，一套比一套阴，一拨人比一拨人高明。用这个理念治理国家，国家就危险；用这个理念来治理企业，企业就危险。所以我们一定要立足"实"，不能退让。用佛家的话来说，就是决定见，不能动摇，一动摇就堕落了。我们实实在在做老实人，说老实话，做老实事，没有错。这样的人永远是吉利的。就怕不老实、图虚名。现在广告很多浮夸胡吹，纯粹为了赚钱，不好。作为一个君子，一定要牢牢地站在"实"的基础上，千万别站在"名"的基础上。捞名捞利，祸害无穷啊。

"故君子进德修业，孳孳不息，务实胜也。"一个君子的生命历程，就是《易经》中的"进德修业"这四个字，就是要对我们的事业、价值观念进行一番维修。会议室要装修，企业要装修，人心也要装修。用什么来装修？用德。孔夫子说人生的目的怎样完成？就应该"志于道，据于德，依于仁，游于艺"。有一个完整的生活目标，也就使自己的精神生活非常丰富，这样的价值观多高明多美！但现在有的人却打麻将、吸毒，有意义吗？

"君子进德"，就是用仁义礼智信充实自己的内心。儒家把仁义礼智信诸方面推行到各个层面上，称作"修业"。三百六十行各有各的事业，但修业有个核心，即要把仁义礼智信的道德观念贯穿到所从事的行业之中。"富有之谓大业"，精神富有了，物质富有了，就能成大业。进德修业，不是权宜之事，不是一时之事，而是应该"孳孳不息"，从小到老，坚持不懈。《易经》恒卦曰："日月得天，而能久照，四时变化，而能久成，圣人久于其道，而天下化成；观其所恒，而天地万物之情可见矣！"

我们要观察一个人可不可为、可不可交，领导要提拔一个人，首先要看他做事有没有恒心，做事有没有劲头，是不是知位守位，耐得住寂寞。这就是恒的道理。有恒心、恒念的人才有意志，才有耐性，才有韧性，才能吃别人不能吃的苦、干别人不能干的事，能耐就不一样。有的人为了名，也是孳孳不息，很精进，很勤奋，天天跑报社、跑电视台、跑领导的门路，却没有实际的成绩出来。德行上没有实修，事业上没有成效，那怎么行？任何事还要脚踏实地去干，要"务实胜也"。

"德业有未著，则恐恐然畏人知，远耻也。"指自己进德修业还处于学习阶段，并不是已经功成名就的时候。古人拜师学艺，要侍奉师傅三年、学艺三年、帮师三年，才敢自立门户。一个具体技艺都要经过近十年的艰苦学习，何况道德文章的功夫，几天就能修成吗？所以修行还没真正有成效时，则生怕有人知道我在干这一行。有人学医三天就敢开处方；有人从业才几天，名片就满天飞。

要知道名牌老店都是有历史渊源的，是长时间孜孜不息、脚踏实地经营出来的，是经得起时间和消费者考验的。他们的"实"早就"胜"出来了，产品还需要通过广告来宣传吗？个人道德就更不能吆喝：我已经是大善人啦！已经是大菩萨啦！我在修道，在修佛，在修国学，等等。现在大师多得要命，满街都是，这些大师有几个是真正的大师？我给自己定位就是一个行者。行者好，是个踏踏实实干事修行的人。处于因位上的学修阶段，不能随便称大师。我认为恭维哪一位是大师，实际上就是讽刺他没本事，所以"恐恐然畏人知"。

很多人意识不到这一点，认为自己有了名，很牛，这不好。怎样才叫"远耻"？就是夹着尾巴做人，低调些，自然没人来侮辱你了。现在丢脸的很多都是些大名人，如有吃茄子"把吃出来的病吃回去"的，有水里面憋气四个小时比乌龟还厉害的，都是自取其辱。为什么有耻辱？为什么有名胜而实不至？因为他的虚伪、他的贪心、他的无耻心。既然无耻，当然耻就随之而附了。现在伪君子也多，太多虚伪的人，大家礼尚往来，个个脸上挂着面具打交道。大家是你好我好，台上握手，台下踢脚，这样计谋，那样圈套。我们怎样看破这个"伪"字？就在一个"虚"一个"实"上看，看他是实胜名，还是名胜实。这是我们鉴别人的基本标准，实胜的人就是踏实的人、可交往的人，名胜而实不至的人，打交道千万小心。

"故君子日休，小人日忧。"君子坦诚踏实，他就越来越轻松，越来越洒脱，他没有精神负担。没有骗人，没有伤害别人的利益，吃得饱睡得着。"君子不忧不惧。内省不疚，夫何忧何惧？"小人忧名忧利，又害怕别人来报复。官员怕纪委"双规"，老板怕工商局、税务局，晚上睡不着这也是人之常情。

爱敬第十五

有善不及，曰："不及则学焉。"问曰："有不善？"曰："不善则告之以不善。"且劝曰："庶几有改乎，斯为君子。"有善一，不善二，则学其一而劝其二。有语曰："斯人有是之不善，非大恶也？"则曰："孰无过？焉知其不能改？改则为君子矣。不改为恶，恶者天恶之。彼岂无畏耶？乌知其不能改！"故君子悉有众善，无弗爱且敬焉。

闻过则改，见善则迁

我们都希望别人敬爱自己，不妨想一想社会上有多少人值得你敬爱？值得敬爱的是什么人？当然了，都是英雄好汉、有大功德于世的人。受人尊敬的一定是仁义礼智信圆满的人，那些小人、自以为是的人、损人利己的人、无信无义无耻的人谁会敬爱他们？成为英雄好汉，有高尚的人格魅力，一定有深层的原因。我常劝诫一些朋友要做自我分析、自我检查，检查自己的长处，反省自己的短处，通过这样的方法才能提升自己。

我们受人敬爱，是通过迁善改过而来的。《通书》前面几章我多次提到了迁善改过的重要性。后面几章，还要结合《易经》卦象来谈迁善改过。怎样迁善改过？这里提得很清楚，首先是"有善不及"。孔夫子说："三人行，必有我师焉。择其善者而从之，其不善者而改之。"我们在生活中看到身边有些人很优秀，觉得自己赶不上人家。赶不上就学嘛，"纵去远，以渐跻"。我上中学时，好多同学都是高干子弟、川大子弟，他们一走出来那种气象、那种着装、那种谈吐、那种教养远远强于我这种市井贫贱之家的子弟，常令我自惭形秽。后来我跟着海灯法师、本光法师学习心性修养之道，逐步提升自己，才发现自己也不比别人差。关键在于，每个人都有短处，一定要注意学习他人的长处。文质彬彬的人，要学习他的涵养；豪气冲天的人，要学习他的豪爽；克己奉公的人，要学习他的公而忘私；乐善好施的人，要学习他的助人为乐。总之我们身边的人各有各的长处优点，我们要善于观察学习他人，从而提升自己。不能故步自封，不思进取，认为自己这辈子就这样了。一定要有"不及则学焉"的习惯。

"问曰：'有不善？'"朋友还有些不好的地方，怎么处理？有缺点就告诉他嘛。我常提倡朋友间打交道要有直友精神。孔夫子提倡："友直，友谅，友多闻，益矣。"朋友间说话不能弯弯拐拐，一片客气，这不好。我喜欢一副对联："与有肝胆人共事，从无字句处读书。"交朋友要与有肝胆的人相交，有肝胆的人见了朋友一定是敢于直指缺点，而不是文过饰非的。

"庶几有改乎，斯为君子。"什么是君子？闻过则改、见善则迁就是君子，就怕讳疾忌医。人无完人，有优点，也有缺点。我们要学习朋友的优点，而指出其缺点。人往往当局者迷，自己的毛病未必能看得清楚。有朋友就能清楚自己的长短，这就是直。如果朋友对规劝听不进去，对缺点加以辩解，那直友就要变成净友。净友就是要敢于跟朋友讲道理，分析第一条、第二条、第三条，证明你的确有弱点，的确妨碍自我完善。古代优秀的君主都希望自己的臣子是直臣、净臣。唐太宗有时从谏如流，但有时也要掩饰过错，认为魏徵是小题大做。但魏徵毫不客气，决不退让，敢于争辩，非得让唐太宗认错不可，特别是涉及法令上的问题，有时争几个月都不退让。所以，直友、净友才是最好的朋友。

"孰无过？焉知其不能改？改则为君子矣。"我们也希望朋友能够改正自己的错误，提升自己的道德，优化自己的心灵，强化自己的力量。谁没有过错？普天之下，没有过错的人恐怕没有，连尧舜这样的圣君也有过，孔夫子也有过，过则一定要改。"过也，人皆见之；更也，人皆仰之。"真正的君子，一定会有错就改。孔夫子最优秀的学生颜渊，"不迁怒，不贰过"，颜渊也会有过错，但他会改，同样的错误不会再犯，君子就是善于改过。

"不改为恶，恶者天恶之。"有的人，经常护短，常给自己找原因，找台阶下。经常护短、护过的人，老天都会厌恶他。有人毛病多，提意见也不改，大家就敬而远之，渐渐和他打交道的人就少了。《尚书·泰誓》曰："天视自我民视，天听自我民听。"天的意志是如何体现的？就是通过普通百姓。上天所看到的来自老百姓看到的，上天所听到的来自老百姓听到的。这里说"天恶之"，老天都讨厌，其实就是群众都讨厌，身边的人都讨厌。

"彼岂无畏耶？"老天都讨厌你了，你还能不害怕吗？古人敬重天地君亲师，现在的人失去了对天地君亲师的敬畏，人心变得放肆。人应该敬畏天地、自然，敬畏领导、朋友，敬畏老师、长辈。这个敬畏不是见了害怕，而是保持不犯错误、不走到邪的状态。

"乌知其不能改！"谁不能改？我们要相信朋友，每个人都有向善之心，每个人都有改过之意。相信是他人的事，能不能改是自己的事。我们要把自己的价值观、健康机制调整好。就中医而言，我们养生有养生的规则，行住坐卧、衣食住行离开了规矩，就会疾病缠身。在人事中也有自警防范系统，就是迁善改过，自己要不断修正自己的弱点，避免走入错误、尴尬的境地。我们遵循这条路走下去，自然就"君子悉有众善"。

一个有人格魅力的人离不开迁善改过的道路，离不开身旁直友、净友的互相激励、互相切磋。用佛教的话来说，这是增上缘。朋友们在一起，是道友，在道德上互相促进，共同进步。有这样的朋友在身边，那肯定是增上无碍，就可以在进德修业的路上大步前进，因此完善自己的道德，提升自己的智慧，也强化自己的力量，有利于众生。用孟子的话说，就有资格兼济天下。这样的人当然在社会上"无弗爱且敬焉"，大家都对他既爱且敬。一个人在社会上能有这样的身份，那的确就有幸福感了。

动静第十六

动而无静，静而无动，物也；动而无动，静而无静，神也。动而无动，静而无静，非不动不静也。物则不通，神妙万物。水阴根阳，火阳根阴。五行阴阳，阴阳太极，四时运行，万物终始。混兮辟兮！其无穷兮！

《太极图说》的核心

　　周敦颐在中国文化史上影响近一千年，知道《通书》的不多，但有一篇文章，很多人都知道，就是《太极图说》。当然，还有一篇《爱莲说》入选了中学课文。他的《太极图说》对中国以至于世界思想都产生了影响，特别是对后期道教。学道家理论，修行大周天不能不读《太极图说》。《太极图说》的核心就在《动静》这章，如果不读《通书》这一章，看《太极图说》就会如同读天书，或者理解得不深。

　　"动而无静，静而无动，物也。"这个好理解，我们通过感官、通过测试，都能知道。一块石头放在那里，是静而无动；但河里的水哗啦啦地流，不舍昼夜，是动而无静。日出月落，斗转星移，也是动而无静。大街上汽车川流不息，也是动而无静。白云山矗立在那里是静而无动，大地是静而无动，画挂在墙上也是静而无动。物也，一个具体的物体不外乎呈现两个方面的状态：一个是静态，静而无动；一个是动态，动而无静。这些都好理解，但下面的就不好理解了："动而无动，静而无静，神也。"

　　我们能否找到一个事物，动的时候它不动，静的时候它不静？房间里有灯光，我们看到光好像是静的，实际上光以每秒三十万公里的速度在运动。我们坐着一动不动，但我们的心在跳，肠胃在蠕动，血液在流动。貌似静，实际在运动，但这还不是真正的静而无静。什么才是真正的动而无动，静而无静？《通书》说是"神"也。

　　《通书》第四章引用《易经》的话说"寂然不动，感而遂通"。寂然不动，是不动；感而遂通，是动。好像是分成两部分来说。我们的心体寂然不动，宇宙寂然不动。四方上下曰宇，描述空间；往古来今曰宙，描述时间。空间有多大？时间有多久？不知道。一说大，就联想到无穷无尽，囊括宇宙，这是一种感觉。空间的无穷无尽与时间的无始无终到底是什么含义？不知道。地球直径 1.28 万千米，太阳直径 139 万千米，这是有数据描述了，可具体是什么感觉呢？还是说不清楚。太阳的体积是地球的 130 万倍，但我们感觉太阳就只有锅盖大小，而地球反而宽广无边。再说时间，三皇五帝时代、秦皇汉武时代又有什么意义？思考到这里，顿时发现时间、空间给人以"虚"的感觉。要有"实"的感觉得赋予它具体内容，比如秦皇汉武时代，如果有了背景、人物、事件，这个时间才是确定清晰的。时间和空间必须与具体内容相关联才有意义，否则没有清晰的概念，就是"无"。

"天下万物生于有，有生于无。"谁生出"无""有""万物"？这一切都是我们的精神、我们的心的表象。我们的心就像一束光，观照到哪里，哪里就清楚明白了。心放在太阳上就知道太阳怎样怎样，放到月亮上就知道月亮怎样怎样，放到美国就知道美国怎样怎样，放到 G20 上就知道 20 国首脑会议在开什么。注意力放到哪里，哪里就清楚，就形成我们的精神内容，而这一切都离不开我们心的动。

什么是心？就是我们的精神，就是《通书》所说的"神"。禅宗讲明心见性，道教讲悟道，儒家也讲道，涉及精神领域的各类学说都想知道精神是怎样为生命服务的，精神到底是什么，生命到底是什么。答案就在这里："动而无动，静而无静。"我们的精神静吗？每天念头如长江之水，后念追前念，奔腾不息。很多人失眠，凌晨三点还睡不着，问他为什么，回答说脑袋里念头太多了，这是动。可念头在哪里动？昨天想的在哪里？明天想的在哪里？刚才的念头在哪里？刚才的念头过了，待会儿的念头还没来，空的。

念头为什么能在我们心里面来来去去地跑？心是空的呀，没有障碍，是绝对的高速公路。汽车在公路上、火车在铁轨上、牛羊在山岭田间跑都有轨迹，但天上的飞鸟顺着什么轨迹飞？所以禅宗修行提倡"行鸟道"。思维的确没有轨道可走，所谓轨道就是逻辑，逻辑本身也是东一下西一下。"海阔凭鱼跃，天高任鸟飞"，念头就在心里来来去去、生生灭灭，都是在这个无障碍的"空"里。这个"空"在动吗？在静吗？请想一想，感觉一下自己的精神内容即念头来来去去是动的，念头一过，动也非动了。

《庄子》说"飞鸟之景未尝动也"，古希腊人也提到时间的延续性与间断性，提出"飞矢不动"。这些还只是形式、外在的，关键是念头在什么地方动，又在什么地方静，承载这个动静的东西是动还是静。你说它动，它没有动。日月星辰在宇宙中动来动去，宇宙动了吗？时间和空间动了吗？没有。只有万物在时空中生灭运行而有动静之象，时空无所谓动，也无所谓静。同样，我们的精神内容并不等于精神本身，精神本身也不等于精神内容。精神内容是"神"的副产品，是"神"的影子而已。人在太阳光下都有影子，但影子不是你自己，精神内容也不是精神本身。精神内容来来去去、生生灭灭，承载这些来来去去、生生灭灭的那个载体动吗？不动。离开了这个精神平台，一切聪明睿智都没有载体了，生命也将不存在。

这个载体，就是"神"。一切主义、一切文化、一切精彩都从这里产生，最后又回归于这里。所以，"神"是"动而无动，静而无静"，但是又"非不动不静"。对这个，需要好好感觉、体味。请想一想，我们念头来来去去的时候知道自己念头来来去去，知道念头来来去去的并不是念头本身。"我今天打妄想了"，"我今天起歹心了"，"我今天好聪明啊"，"我今天解决问题很智慧"，知道精神内容来去的不是精神内容本身。知道念头动了吗？不知道念头不动吗？这的确是不动不静、非动非静，妙不可言。

"物则不通"，要说"神"具体是什么东西，它又不是。但是"神妙万物"，无量的神通妙用都是从这里来的。想想看，几十万年前地球上有什么。自从有了人类、有了人类精神智慧，地球就变得热闹非凡了。中国神州八号也上天了，空间站也对接了，的确是"神妙万物"。

但精神的依据是什么？康德说："人在审视万物时，首先得有审视自己的能力。"就是说人类需要检测反省自己的思维能力、道德能力，弄清它的极致之处在哪里，局限之处在哪里，它本来的运行规则是什么。作为一个高明的人、学道修道的人，需要这样的反省功夫来打破心中的谜团。基督教认为亚当、夏娃吃了智慧之果没有吃生命之果，这是人的精神永恒的禁区。但学道修道的人就是要打破这个禁区，要看得到精神背后的根本特征。

"水阴根阳，火阳根阴。五行阴阳，阴阳太极，四时运行，万物终始。混兮辟兮！其无穷兮！"中医、道教炼丹都很注重坎离二卦。坎卦是水，上下两爻为阴，中间为阳，但根子在阳爻上；离卦是火，上下是阳，中间是阴，根子在阴上。这是阴阳互生，阴极生阳、阳极生阴的关系。

五行，金木水火土，是分阴阳的。以天干来说：甲乙丙丁戊己庚辛壬癸，东方甲乙木，南方丙丁火。甲木是阳木，乙木是阴木；丙火是阳火，丁火是阴火；后面以此类推。地支：子丑寅卯辰巳午未申酉戌亥，寅卯属木，寅是阳木，卯是阴木。《易经》系辞说："易有太极，是生两仪，两仪生四象，四象生八卦。"《太极图说》曰："无极而太极。太极动而生阳，动极而静，静而生阴，静极复动。一动一静，互为其根；分阴分阳，两仪立焉。阳变阴合，而生水火木金土，五气顺布，四时行焉。五行，阴阳也，阴阳，太极也，太极本无极也。"

我们念头不动，就是太极。念头一动，阴阳就有了。念头活动延伸下去，不仅有阴阳，还有五行，不仅有五行，还有万物。念头未动，精神世界的宇宙就处于未爆炸时的状态；念头一动，精神世界的宇宙大爆炸就产生了。婴儿出生是太极，知道吃奶、叫爹叫妈就已经分阴阳、有五行了。随着在幼儿园、小学、大学的成长，就生万物了。太极阴阳，四时运行，万物终始，都在我们心里如是运行。我们看自然界，也是如是运行。自然就是我们的心，我们的心也是自然。怎样把外在的大自然和内心的大自然融为一体，打成一片？就需要在修行上下功夫。

中医看来，我们的身体就是自然。我们的眼耳鼻舌身意、五脏六腑、四肢百骸也就是一个自然体，也有太极阴阳、四时运行。为什么有五运六气、子午流注？也就是气血在经络中运行的规律。我们的针灸取穴位，有的象天，有的法地，根据五行对身体分区，穴位的名字很多是因天象地理而来。十二经络也是按太阴太阳、少阴少阳、厥阴厥阳划分，所以我们的身体也是一个小宇宙，也是四时运行，万物终始。但怎么去认识它呢？"混兮辟兮！其无穷兮！"摄影师照相能不能把某人生命的图像照出来？图像里的生命是什么形态？精神能照出来吗？现在能测脑电波，但脑电波也不能代表精神。

所以，生命也好，精神也好，乃至我们对宇宙的认识也好，永远都是"混兮辟兮"。什么是"混"？模糊一团。什么是"辟"？有点点认识了。如流行歌曲所唱："留一半清醒留一半醉"，清醒就是辟，醉就是混。一会儿是清晰的，过了一会儿好像又变迷糊了。人类的认识永远都是在知和不知之间运行，在已知和未知中运行，在清醒与迷糊中运行。这个要看破，要看透。

第五讲　乐淡心平，静虚则明

乐上第十七

古者，圣王制礼法，修教化。三纲正，九畴叙，百姓大和，万物咸若。乃作乐以宣八风之气，以平天下之情。故乐声淡而不伤，和而不淫。入其耳，感其心，莫不淡且和焉。淡则欲心平，和则躁心释。优柔平中，德之盛也；天下化中，治之至也。是谓道配天地，古之极也。后世礼法不修，政刑苛紊，纵欲败度，下民困苦。谓古乐不足听也，代变新声，妖淫愁怨，导欲增悲，不能自止。故有贼君弃父、轻生败伦、不可禁者矣。呜呼！乐者，古以平心，今以助欲；古以宣化，今以长怨。不复古礼，不变今乐，而欲至治者远矣！

调好我们的心弦

《通书》第十七章、第十八章、第十九章谈乐，音乐的"乐"。加上前面的第十三章《礼乐》，《通书》有十分之一都在谈乐。大家知道儒家经典以前是六经：《诗》《书》《礼》《乐》《易》《春秋》，

《乐经》在秦始皇焚书坑儒后就失传了。但在《礼记》中有一篇《乐记》，讨论了中国古代的音乐理论。它是从哲学、美学的高度来谈乐，还包含了深层的心理学内容，对中国传统音乐、艺术理论有兴趣的朋友可以自行阅读。为什么要谈乐？在孔夫子的教化里，礼乐刑政是一体的。礼：礼数，人与人的行为规范。刑：刑法，法制社会，奉公守法。政：行政，整个社会的管理系统。乐和这三者同列，可见乐的地位多重要。社会教化的四大功能，乐是构成要素之一，在中国古代政治理念里非常重要，这也是为什么周敦颐先生要在《通书》中用十分之一的篇幅来谈乐。另外，第十七章《乐上》在整个《通书》四十章中文字分量最重，也可以看出周敦颐先生对乐非常看重。

但我们用现在的思维理解，这个乐哪有这么重要？就是音乐嘛。歌厅里去唱唱卡拉 OK，各地少数民族唱唱民歌、跳跳锅庄，有多重要？为什么古代圣贤把乐作为治国大纲、大略提出来？孔夫子也把它提到这么崇高的地位？

我在讲学里经常提到人的三性：自然性、社会性和精神性。首先我们是自然生命，生老病死，谁也跑不掉。皇帝也好，老百姓也好，亿万富豪也好，打工仔也好，乔布斯也好，都逃不掉，一样要面对生死；第二是社会生命，一个人的富贵贫贱、穷达困显就是自己的命；第三还有精神生命，就是每个人的喜怒哀乐，自己生活的感觉。有的人知识很丰富，但有抑郁症行不行？有的人官当得大，但有抑郁症行不行？有的人钱挣得多，但有抑郁症行不行？我们的精神应该处于祥和健康、自在解脱的状态。一个人无论有多健康，官有多大，钱挣多少，最终承载着的是我们的精神。我们都希望有一种愉悦祥和的精神，而不希望在郁闷中过日子。很多人虽然升官发财了，但不开心，那也没用。升官发财未必就幸福，没升官发财未必不幸福。我们的精神生命需要"乐"，快乐、幸福。从这个角度来看才能认识到古代圣人立教，把礼乐刑政、把"诗书易礼乐春秋"并称，把乐提到这么高的层面上，是非常必要的。

怎样调好我们的心弦，弹奏出人生的美妙乐章？前面铺垫了人的自然性、社会性和精神性，从这个角度看，乐的三章也就顺理成章了。不然，总会想这几章到底是什么意思，哪有这么厉害，是不是圣人吹牛。当我们知道了人的三性，特别是精神性的需求，明白我们需要健康、祥和的精神状态，那就能理解乐的确重要。

音乐的作用非常厉害。士兵上战场，军乐一奏，军歌一唱，每个人都变得精神昂扬、视死如归。到殡仪馆，哀乐一奏，亲戚朋友沉痛的心情立刻流淌。音乐的怡情作用是如此之强。我们要进入什么精神状态？亢奋、幽怨、抑郁，还是宁静淡泊？这一系列精神状态都有音乐可寄托。而音乐同时又受情绪的影响，一个人弹琴时情绪不好，同一首曲子弹出来感觉就不一样。神闲气定的人弹出来就有神闲气定的感觉，心怀幽怨的人弹出来就有幽怨的感觉，欢快的人弹出来就有欢快的感觉，愤怒的人弹出来就有愤怒的感觉。这是因为音乐表达与人的情绪有关。为什么有人弹琴时，弹着弹着，琴弦会断？是否真意味着不吉利？有可能。因为弹琴的人心里有事，那事让他心绪不宁。

上古时代，尧舜禹都是卓越的君王。孔夫子去齐国，闻韶乐，三月不知肉味。韶乐，就是舜帝南巡所作的音乐。这个音乐尽善尽美，用孔夫子的话来说是"尽美矣，又尽善也"。后来又听了周武王克商的音乐，孔夫子说"尽美矣，未尽善也"。为什么说未尽善也？周武王克商毕竟是战争，战争、革命这种形式也许尽美，但未必尽善。而舜时代政治的格局才是尽善尽美的。

《诗经》三百篇，我们能看到贵族之间聚会要奏乐。秦汉以来官方就有文化部门，专门收集民间音乐，叫乐府。乐府文化到唐朝又发展成新乐府，杜甫、白居易、元稹的很多诗就属于新乐府诗。大家都知道唐太宗当了皇帝后，专门搞了《秦王破阵乐》。唐玄宗和杨贵妃热恋时，搞了个《霓裳羽衣曲》。诗词歌赋都有音乐相配，不论是"满江红""蝶恋花"，还是"念奴娇"，这一系列词都是可以唱的。苏东坡的词要关西大汉手执铜琵琶铁绰板唱"大江东去"，这都是乐的作用。

做了上述铺垫，我们再看正文。"古者，圣王制礼法，修教化。三纲正，九畴叙，百姓大和，万物咸若。乃作乐以宣八风之气，以平天下之情。"礼先乐后，必须先修礼，也就是前面讲到的"礼，理也；乐，和也。阴阳理而后和。君君臣臣，父父子子，兄兄弟弟，夫夫妇妇，万物各得其理然后和。故礼先而乐后。"古人的文章典籍前后是一贯的，必有他的顺序次第。

这里的"制礼法，修教化"是为了社会太平和睦。什么礼法？什么教化？就是三纲要正，九畴要序。君臣、父子、夫妇是社会构成最基本的三要素，君像君，臣像臣，父像父，子像子，夫像夫，妻像妻，各得其位，各具其理，那么社会就祥和太平了。九畴是什么？《尚书·洪范》中记载：周武王灭殷商后，向箕子寻求历代贤王的治国大略，这些治国大略就是九畴。九畴第一谈五行，第二谈敬用五事，第三谈农用八政，第四谈协用五纪，第五谈建用皇极，第六谈义用三德，第七谈明用稽疑，第八谈念用庶征，第九谈向用五福、威用六极。一共谈了九件要紧方略。五行就是金木水火土，五事就是貌言视思听。如果三纲正、九畴叙，那么百姓太和、歌舞升平，没有官司、战争，夜不闭户，路不拾遗，达到了理想的古代乌托邦或者说大同世界的状态。

"万物咸若"，指人类生态环境的协调平衡。人、社会与自然需要平衡，这个理念在中国传统文化儒释道三教中都有提倡。佛教讲的"依报"，就是人类社会所依赖的环境。没有地球，人类在哪里立足？没有空气、森林、草原、河流、湖泊，人类怎么生养繁衍？人类不是地球上的唯一法人代表，蟑螂、老鼠也有其合法法人资格，还别说牛羊猪狗、狮子老虎都是地球上的合法法人代表。我们是一个生命共同体，要站在这个高度才能明白"万物咸若"的境界。

有了这么祥和的社会与自然景象，然后"乃作乐以宣八风之气，以平天下之情"。我们现在去非洲，看到一些土著涂着油膏，裹着羽毛兽皮，蹦蹦跳跳，喊喊唱唱，形式上和我们春秋时期之前的乐类似。先秦就有咸池之乐、桑林之舞，就像少数民族舞蹈，在晒谷场、坝坝上唱歌跳舞，少男少女幽会，"蝴蝶泉边好梳妆"。另外现在正申请非物质文化遗产的傩戏，湖南、四川、广东都还有流传，也与先秦的乐有类似之处。

什么是八风？就是东、南、西、北四方外加东北、东南、西南、西北共八方，也可以说是立春、立夏、立秋、立冬、冬至、夏至、春分、秋分这八个节气。一个是地域上的八个方位，一个是时间气候上的八个节点，推演过来就是八卦。中国从来就是个庞大的国度，即使在春秋战国时期，疆域也已经包括黄河、淮河流域，甚至到了长江流域，已经是一个大国，存在多民族融合，在文化、气候、民俗、物产上都有差异。正是有这些差异，所以要"宣"。

什么是宣？通宣（中药有个产品叫"通宣理肺丸"）之意，宣传、发布、交流、沟通。通过乐这种形式来宣传王道，沟通各地域不同的风俗习惯。王道的乐，功用是"以平天下之情"。天下人情汹汹、群情激昂，那不是好日子。一个社会以安定民心为首要，如果民心不安稳、有情绪，还汹汹然、还激愤，那社会就会不太安定，甚至很麻烦。大家知道所谓的群体事件，就是有怨，压抑久了后，会在一定诱因下爆发出来的。小的就是群体事件，处理不好，很可能会闹得天翻地覆。所以古代圣人治理天下时，很看重人心民情，一定要"以平天下之情"。怎样"宣八风之气，平天下之情"？这就是中国古代圣人的高明之处，"故乐声淡而不伤，和而不淫"。

从幼儿园开始我们就在唱歌，小学、中学都有歌，到了机关单位也经常要唱这样那样的歌。以前有很多节奏高亢、令人热血沸腾的歌。我年轻时一听到《国际歌》，血压马上升上去；一听《中国人民解放军进行曲》："向前！向前！向前！我们的队伍向太阳！"马上情绪高涨。上山下乡时，一听到鼓动知青的歌："知识青年志在四方"，就不愿在家里待，就想下乡去。日本东京电影节获奖的影片《转山》一放映，很多年轻人都愿意骑着自行车从北京、上海、广州到西藏、罗布泊去玩、去锻炼。音乐怡情的作用可见一斑！但要"以平天下之情"，的确需要的就是"乐声淡而不伤，和而不淫"。

有朋友喜欢古琴，中国的古琴有一个特点，不论怎么弹奏，难过的音没有，激昂的音弹不出来，哀伤的音弹不出来。古琴那几根弦音阶的范围就限定了只能在"淡而不伤，和而不淫"的状态。孔夫子在谈《诗经》时讲究中道，所以他说《关雎》乐而不淫，哀而不伤"。音乐也要讲究中道，要把我们的情绪调整到中庸的状态，不过又无不及。

淡淡之交得久长

大家知道，人与人相交，淡淡之交得久长。有的人交朋友，一上来就火辣辣的，热情万丈。但热情万丈能持久吗？冷面二郎柳湘莲那样冰冷也不能持久，人太冷，别人也不愿与你相交。一定要处于中道。音乐、情绪的中道在哪里？我常引用我老师给我的一句话："千万别使自己的情绪走入危险的角落，别使情绪走入阴暗的角落。"这就是要恪守中道。恪守中道就是淡而不伤、不过。酒喝三分，饭吃半饱，与人相交，"君子之交淡如水"。从知己变仇人的都是平常交往太过的，开始太亲密，不计较利害，什么都搅在一块。当因缘不和，分手的时候就有怨气，乃至成冤家。所以在人情上也要做到"淡而不伤"，不伤筋动骨，不伤心，不伤肝，不伤肾。

在中医里，五音对五脏，脾肺肝心肾分别对应宫商角徵羽。"和而不淫"，淫是过分的意思。把我们的心弦，即情绪，调到中庸地带，就能"入其耳，感其心，莫不淡且和焉"。有些音乐很怡情，比如陕北信天游比较粗犷深远，我每次一听到，整个精神就随之而起。但太过了也不好，有时会听得醉在里面。还是平淡、高远、深沉、宁静的音乐好，后面也有说音乐不能"导欲增悲"，不能"纵欲败度"，一定要达到淡且和的状态。

"淡则欲心平，和则躁心释。"现代医学上也有这种说法，有些疾病可以通过音乐来调理。一些有心理障碍、抑郁症的人，光吃药还是有副作用，是药三分毒。通过音乐能缓解心理、精神问题。"淡"让我们欲望不会升起，就会"欲心平"。注意"平"字，不是"无"，并不是要清心寡欲，把欲望压到"无"的状态，只是调到"平"的状态。

"躁心"，我们经常处于很急躁、烦躁的状态。急躁、烦躁时理智就退到一边，烦恼抬头，理智下课，那就危险了。作为老板、领导，如果做重大决策时情志失衡，可能导致自己身家性命、企业团队都遭遇灾难。"和则躁心释"，不仅仅是指音乐，关键是在我们情绪的调控上。古代圣贤给我们开了处方，一定要使我们的情绪处于欲心平、躁心释的状态。

"优柔平中，德之盛也。"什么是"优柔平中"？温、良、恭、俭、让呀。人与人打交道，一定要优柔平中，不要过。不是一把火，也不是一块冰，要达到这样的境界，的确需要几十年的功力。什么是德？仁义礼智信蕴于中就是德。仁义礼智信在自己内心、行为、语言里得到了充分培育，展现在外就是温良恭俭让，用《通书》的话说就是"优柔平中"。优，高雅；柔，不刚，不刺人；平，平和；中，中庸。有教养的人一定要让自己的性情达到优柔平中，这才是德之盛。个人魅力从哪里来？我们现在是和平时代，在有序的社会里，在常道中，以教养为胜。

"天下化中，治之至也。"社会繁荣很好，但还是要归中。唐玄宗开元盛世达到唐帝国最繁荣的阶段，但天宝年间，皇上老了、腐朽了，就离开了中道。离开了中道，社会就走向衰败。所以一定要牢牢居中，让整个社会有朝气，富裕而不腐朽，简朴而不贫困，文明而不虚伪。为什么要"化中"？像前些年的欧债危机，就是欧洲福利太好了。一天干三四个小时，一个月上五六天班，福利很好啊。太好的福利培养出了懒人，当然不行。欧洲的福利政策就离中道远了，美国还比较健康。所以要治理国家、服务社会，一定要深明中道的原则，离开了中道，就会有不安全因素。这章的三纲、九畴都是道，都是在讲居中守位而不过。"道配天地，古之极也"的最高理念就是

《大学》中所说的"在亲民，在止于至善"，至善就是古之极也。

"后世礼法不修，政刑苛紊，纵欲败度，下民困苦。"春秋战国以来，历朝历代都有两面，有兴盛的一面，也有衰败的一面。历朝历代开国前期以光明面为主，礼法修，总结前朝经验教训，刑政合理；到了后期以阴暗面为主。到了衰世，也就是周敦颐所说的"后世"时，真是礼法不修、政刑苛紊，二十四史中比比皆是。朝令夕改，法令混乱，不要说管老百姓，连自己都不管了，刑法也是混乱。用《道德经》的话来说，"故失道而后德，失德而后仁，失仁而后义，失义而后礼"，"法令滋章，盗贼多有"。

步步向下，一代不如一代。当权者乱了方寸，权力机构变得"政刑苛紊"，就非常危险了。一方面是"政刑苛紊"，一方面是"纵欲败度"，它们是双胞胎，如影随形。特权阶层、贵族阶层经过几十年、上百年的太平繁荣后，不知不觉地陷入纵欲败度中。古罗马是这样，大汉王朝是这样，大唐帝国也是这样。怎样避免社会陷入纵欲败度就不说了，但我们个人要警戒。

上面纵欲败度，下民就困苦，老百姓日子不好过。但这还没完，纵欲败度的阶层还会感觉到"古乐不足听也"，于是"代变新声，妖淫愁怨，导欲增悲，不能自止"。孔夫子为什么批评"郑卫之音"，因为它们失去了王道，离开了正道，不合礼法，进入了纵欲败度状态，而且还"妖淫愁怨"。我们以前经常批评情歌，认为是妖淫愁怨的，其实未必。多数少男少女情感的抒发，还有少数民族的情歌，是朴实的自然之声，不能说是妖淫愁怨，《玉树后庭花》之类的才算。

中国古代诗词歌赋里有很多也的确是妖淫愁怨的。英雄人物到了晚年，妖淫的不看，愁怨的要看。一般上了年纪、遇到困苦的人，都喜欢品这个味儿。杜甫最尊敬的一位前辈庾信写过一篇《哀江南赋》。南北朝时期，国家分裂，战乱不断，皇权更迭如走马灯，上下都不太平。那时候的士大夫心中愁苦，看不到希望。梁武帝派庾信出使到北方西魏，被羁留，这时南方发生侯景之乱，之后陈霸先代梁而立。他在洛阳思念江南风景，写了《哀江南赋》，言辞愁怨。愁怨的人都伤心，伤心的人往往命不长。"为伊消得人憔悴"，憔悴不好，病三郎不好。

怎样使我们朴实、健康，有朝气而不是有暮气，有喜神而不是有怨艾之神？这对调理情绪很重要。现在抑郁症患者很多，小孩子患自闭症的很多，通过音乐调整是很好的方法。放些好的音乐，可以起到潜移默化的作用。

"妖淫愁怨，导欲增悲，不能自止。故有贼君弃父、轻生败伦、不可禁者矣。"当我们情迷意乱、情绪失控，整个价值观念沦落的时候，当然就"贼君弃父"了，就背离三纲了，就君不君、父不父了。领导不守领导规则，父亲放弃了父亲的责任，这就很可怕。上面有"贼君弃父"，下面就有"轻生败伦"。现在社会上有人跳楼服药，不想活了。有些歌厅酒随便喝，美女随便选，摇头丸随便用，这样的地方谁敢去？这难道不是"妖淫愁怨，导欲增悲"的场所？难道不是"贼君弃父、轻生败伦"的场所？所以濂溪先生提醒朝廷，提醒社会，对此应当警醒，乐也是治理国家的重要手段啊。

"呜呼！乐者，古以平心，今以助欲；古以宣化，今以长怨。不复古礼，不变今乐，而欲至治者远矣！"这里总结了前面所说，乐的目的是什么？在古代圣贤手中，乐是用来"平心"的，平和人的心气，调理我们的情绪。但现在音乐已沦落为"助欲"了，增加人的欲望，打乱人的情绪。乐在古代是宣传教化、辅助教化的工具，今天变成长怨、情绪失控的催化剂，那怎么行啊？所以，周敦颐说：

"不复古礼，不变今乐，而欲至治者远矣！"

的确如此，自唐以来，音乐比较杂，人们已经听不到古代的礼乐了。汉朝时还朴素点，到了唐朝，大唐帝国强盛，又不修长城，四夷八方的都来，音乐就很丰富。唐朝人又喜欢胡乐，衣服也喜欢少数民族的，那时儒家的地位远远不如佛教。我们从敦煌等很多文化遗产里，可以看到儒家气息少，而其他民族文化内容多。街头巷尾的市井文化中儒家气息也少，从唐宋传奇这些短篇小说中也可以看出来。到了宋仁宗在位时，随着儒家知识分子崛起，儒家就要正名，要把中华民族的核心价值观发掘并守住，试图恢复孔孟以来的文化传统，筑牢中华民族的核心文化，而排挤其他的文化。

程颢、程颐两兄弟以及后来的朱熹，接过了周敦颐这套理论。到了明清两代，宋明理学就成了官方思想、主流思想，其利弊我就不在这里多说了。宋明理学不光在中国，在日本、朝鲜、越南一样有深远影响。现在年轻人喜欢看韩剧，韩剧中很多观念还是明代儒家的人文思想。现在搞宣传、文化工作的领导可以参考借鉴一下。"不复古礼，不变今乐，而欲至治者远矣！"

学习第十七章以后，第十八章、第十九章就易懂了。

乐中第十八

乐者，本乎政也。政善民安，则天下之心和。故圣人作乐，以宣畅其和心，达于天地，天地之气，感而太和焉。天地和，则万物顺，故神祇格，鸟兽驯。

人与自然的和谐

音乐的确是"本乎政"，是为政治服务的。"政善民安，则天下之心和。"民间老百姓心平气和体现在哪里？环境平安、政治昌明、生活无忧，教育、医疗、住房、就业各方面资源都公平、公正、合理。公平、公正、合理就没人有怨气，就是"政善"，政善则民安，老百姓的心态就平和。天下太平的情况下，在上面为政的人一定要把"宣畅其和心"作为主旋律。不要过于歌功颂德，免得大家反感；也不要过于揭阴暗面，扰乱民心也不好。

"达于天地"，天地是社会的承载体，我们要平心，要和气，不仅仅为人类社会，还要达于天地。就像《大学》所说"修身、齐家、治国、平天下"，不断扩展我们认知和服务的半径。使整个天下都有和气，所以"感而太和焉"。《易经》乾卦曰："保合太和，乃利贞。首出庶物，万国咸宁。"这就达到天下太平的境界。

"天地和，则万物顺"，又回到了人与社会、社会与自然平衡和谐的话题。现在物种大规模消失，对人类社会生存是很大的挑战。几千年前，黄河流域、长江流域都布满森林，珠江流域更是布满热带雨林，现在哪里还有原始森林？海南、西双版纳都快没有了。华南虎在哪里？东北虎在哪里？好不容易从俄罗斯跑过来几只，还被钢丝套勒死一只。离开了万物，生态就失去平衡，人类生存环境就越来越脆弱。

什么是"神祇"？天神地祇，祇就是地神。格，就是至，来临。天地之神都给我们送祥瑞。广东很多地方有此风俗，家家户户门口都有给土地公公敬香的位，大家都有对自然的敬畏，不敢去冒犯而达到吉祥。我们说养喜神、养和气，就是希望"神祇格"。《中庸》讲："清明在躬，志气如神"，也就是"神祇格"了。我们要迎喜神、迎财神，得自己有和气才行。"鸟兽驯"，仍是讲人与自然的和谐关系，广东许多人有吃鸟兽的陋习，这不好。有家养的鸡鸭鹅、猪牛羊吃，为什么还要去吃野生动物呢？这风气的确得改一改。

乐下第十九

> 乐声淡则听心平，乐辞善则歌者慕。故风移而俗易矣。妖声艳辞之化也，亦然。

明心见性后，才能心平

"乐声淡则听心平"，心平气和，用禅宗的话来讲，要明心见性才能心平。有个公案，唐朝禅宗沩仰宗的两大祖师开荒种田时，沩山禅师说："徒弟，地没整平，那头高了，这头低了。"仰山禅师说："是那头低了，这头高了。"沩山禅师说："你若是不相信，站在地中间看两头。"仰山禅师说："不必立在中间，也不要站在两头。"沩山禅师说："那放点水来看，水能平物。"仰山禅师说："也未必，水虽能平物，但高处高平，低处低平。"这里讲了一个怎么平心的故事。有的人在高处心平，一览众山小，舒服了然；在低处就不平了。有的人处在低处，如颜渊身居陋巷，一样自得其乐，能达到低处低平的境界。

《道德经》里讲"宠辱若惊"，有的人升官发财被提拔，成神经了；有人被"双规"了或破产也成神经了。高处没法平，低处也没法平，这就是修为不够。修为够的人才能做到高处高平，低处低平。人心平一定是明心见性才能达到的最高境界。

"乐辞善则歌者慕。"唐诗、宋词总有人喜欢。"渭城朝雨浥轻尘，客舍青青柳色新。劝君更尽一杯酒，西出阳关无故人。"这样的诗很平，但是歌者慕。以前《渭城曲》家喻户晓，很多人会唱，大家都很仰慕。像陶渊明的《归去来兮辞》、苏东坡的《赤壁赋》大家都很喜欢，王右军的《兰亭集序》大家都很喜欢，因为这些诗词歌赋乐"辞善"，传达了合乎道、合乎仁义礼智信的信息，另外艺术表达的手眼又高，自然"歌者慕"。从者如云，粉丝很多。现在文化界应该创作一些"乐辞善则歌者慕"的作品，但这是自然而然产生的，不能靠包装、策划、炒作。要让民众喜闻乐见而达到教化的作用，这种教化是潜移默化的，而不是行政命令所能达到的，这样才能"风移而俗易矣"。

怎样移风易俗？周敦颐认为需要古代朴实的理念实现教化。反过来说，"妖声艳辞之化也，亦然"。这里也有个公案，黄庭坚有个善于画马的朋友叫李公麟，一日，他们一起去拜访圆通秀禅师。圆通秀禅师警诫李公麟不要再画马，因为画马时心念专想于马，以致形随心转，难免堕落成马身。黄庭坚不以为然，笑问自己是否也会像李公麟一样变马。谁知禅师更不客气，说你下辈子变牛马还没资格呢。你写那么多缭乱人情思的淫艳辞章，不知会令多少人读后起邪思而贪淫好色。这种诲淫诲盗、误人子弟的恶行，岂止是变马，恐怕要下泥犁地狱。黄庭坚立刻警醒，以后再也不敢写少男少女的淫艳辞章了。不仅不写，自己生活也检点了。他毕竟习佛甚深。政治昌明的时代，社会风气肯定淳朴，守中道，文学、音乐都会归于中道、正道；反之如果靡靡之音泛滥，人心也就容易腐朽了。

圣学第二十

"圣可学乎？"曰："可。"曰："有要乎？"曰："有。""请问焉。"曰："一为要。一者无欲也，无欲则静虚动直。静虚则明，明则通；动直则公，公则溥。明通公溥，庶矣乎！"

有公心的人才有智慧

古代的人对圣人都有一种崇拜心理，古代圣人是指尧、舜、禹、汤、文武、周公、孔夫子等。"圣可学乎？""可。"圣人是可以学习，并可以达到其境界的。孟子说："人皆可为尧舜。"理学大家王阳明说："满街都是圣人。"毛泽东诗词中也提到："六亿神州尽舜尧。"只要我们按照圣人的教化，在仁义礼智信上老老实实地去修行，我们都可以成为圣人。

"有要乎？"有没有纲要呢？前不久还有一位朋友打电话来问学习传统文化达到圣人的境界，有没有最方便、最简洁、最归宗的一句话呢？我说还是看《通书》吧，《通书》里讲的就是"一为要"。在中国的传统文化和哲学中我们常听到这样的话，一以贯之，万法归一，得其一万事毕。《道德经》讲："天得一以清，地得一以宁，神得一以灵，谷得一以盈，万物得一以生，侯王得一以为天下贞。"所以，"一为要"。

但什么是一？很多人说不清楚，有这样那样的解释。周敦颐的解释最为亲切实在，"一者无欲也"。怎样才能无欲？无欲是什么样的境界？我们看前面的《诚上》《诚下》《诚几德》都谈到了这个问题，但在这里换了个角度，从圣学的角度切入。"无欲则静虚动直。"无欲就是去掉七情六欲，为什么要去掉七情六欲？我们有自然生命，有社会生命，有精神生命，如何提升我们的精神性，提升我们的社会能力，使我们身体健康？就是要控制一个"欲"字。

欲，如果过度了，就会伤害我们的身体，伤害我们的精神，给我们的社会工作带来重重障碍，惹来不少麻烦。欲望，酒色财气是生命的需要，但过度就不合理了。所以，无欲首先是精神上的一种体验。要优化自己的智慧，提升自己的道德，就得无欲，才能到达"静虚动直"的境界。

我们每天念头来来去去、烦躁不安，心弦绷得紧紧的，情绪总是失控，不能处于中正平和的心境。这个静，我强调过很多年。看人，首先看有没有静气。如果这个人没有静气，你跟他打交道没有多大的必要。静气都没有，能干什么事？你跟他聊天谈话，他得安安静静听你的才行。你一说话，他滔滔不绝地卖弄自己的东西，根本不听你的，那就有问题。静是我们精神开展的平台，如果心不静，精神没法运作。我们的思维、理性，必须在静的状态下才能为我们服务。

另外，还有虚。虚就是要空，空杯心态。"满招损，谦受益"，我们要谦虚一点，要虚己受物。空灵，就是心灵虚静的状态。有的人自以为是，认为自己学问很多，黄金很多，权势很重，这就不虚了。为什么要虚？就是要把包袱去掉，轻装上阵。《道德经》说："致虚极，守静笃"，更是指明其重要性。

虚是在内容上，静是在动向上。静是我们优秀的思维载体，虚也是我们优秀的心性。虚实这个维度我们要处于虚，动静这个维度我们要处于静。只要我们的心、意进入了虚静状态，"动"就"直"了。动，指我们的活动、行动。我们的行动从哪里来？从动机来。心念一动，就会差之毫厘，谬以千里。我们一个决策、一个判断怎样才能准确？就要虚静。

"动直"，现在人与人打交道往往都不直，都是遮遮掩掩、转弯抹角的。听不懂说话背后的目的是什么，不明白这个人为什么有这样的行为举措，就是因为他动不直。在人与人交往中戴了若干层面具，实际上这样的人去办事，面具越多，自己的障碍也就越多。我们都喜欢直率的人，直率的人打交道方便。

"静虚则明，明则通。"明就是光明、智慧。我们的智慧在虚静的情况下才会产生。《道德经》说："致虚极，守静笃。"一定要没有障碍，眼才清晰。比如大雾天，飞机不敢起飞，高速公路也封闭，为什么？空间不虚嘛，不虚就形成障碍。我们的心不虚，就会把心眼遮蔽了。"守静笃"，会议室很安静，但到了火车站、批发市场说话都要嘴巴对着耳朵才能听见。智慧也是这样，我们的眼睛、耳朵不能受到蒙蔽，心也不能受到蒙蔽，就应当要虚、要静。只有在虚静的状态，我们的心才会升起智慧。"明则通"，通，通达无碍。我们办事为什么有障碍？就是因为没智慧，智慧帮助我们避开陷阱、荆棘和阴暗地带。

"动直则公，公则溥。明通公溥，庶矣乎！"什么叫公？什么叫智慧？有公心的人才有智慧，满腹私心的人不会有智慧的。因为私心涉及的空间半径、因缘半径很小，只看见那么一点点，哪来智慧？公心的人半径很大，能包容若干因缘，甚至可以说是极大的因缘和因果关系。格局不一样，智慧自然就有区别了。我们在房间里，只看见室内，能有多大空间？透过窗户，可以俯瞰广州。用王安石的话来说："不畏浮云遮望眼，只缘身在最高层。"怎样打破我们的心胸局限？那就要靠公。

公表现在什么地方？在动直。为什么在动直？没有私心杂念。人们常说"事不关己，关己则乱"，"旁观者清，当局者迷"。怎样不乱？公才不乱。公，心里踏实，没有私欲搅和在里面，自然所动就直。如果有私人的利害在里面，所作所为、起心动念就直不起来。溥，普遍。只有公，才能放之四海而皆准。一个政策下来兼顾各方面的利益，才能通达无碍。明，智慧。我们看见紫禁城乾清宫里挂着"正大光明"匾，当领导、当老板必须把"正大光明"四个字做实。"正大光明"就是"明通公溥"，必须把我们的心调到这样的状态。

公明第二十一

公于己者公于人，未有不公于己而能公于人也。明不至，则疑生。明，无疑也。谓能疑为明，何啻千里！

王安石的胸量

我们细细看人，各种各样。有的人豁达、开朗，有英雄气；有的人公正廉洁，有庙堂气；有的人超然世外，有山林气。英雄气、庙堂气、山林气都立足于一点：公。《菜根谭》说："念头浓者自待厚，待人亦厚，处处皆厚。念头淡者自待薄，待人亦薄，事事皆薄。"有的人对别人不公，对自己也不公。吝啬鬼不仅仅对别人吝啬，对自己也吝啬；大方的人对朋友豪气，对自己也豪气。

王安石当宰相后请教黄龙禅师，黄龙禅师对他说："面前的路留宽一点，不仅自己过得去，别人也要过得去。路，只有别人过得去，自己才能过得去。如果面前的路留窄了，到时别人过不去，你自己也过不去。"王安石就没理解这句话，后来变法失败了。尽管他变法是为国家，很了不起，但是新法执行的过程中确实产生了种种问题，连苏东坡、欧阳修等一批精英都颇有怨言。本来大家可以和谐相处，却因为王安石胸量狭窄，一意孤行而关系僵化。当然他的胸量还不算很小，后来的蔡京、高述这些人也是变法的新派人物、新法的拥护者，他们拥护新法只是为了谋取个人利益，所以最终害人害己。由此可见，公于己才能公于人。"未有不公于己而能公于人也。"我们看身边的人，公于己的一定公于人，不能公正对别人的也一定不会公正对自己。文过饰非，拉帮结派，损人不利己，都是这样的人干的。

"明不至，则疑生。"智慧不到，眼不明，耳不聪，当然看人看事就踌躇难断、手足无措。明，就是智慧，就是无疑。一个有大智慧的人，心里是没有疑惑的，他洞察力强，敢做敢当，动直则公。但有一类人以疑为明，遇见任何事情都要问个为什么。这类人心胸狭隘，"私"字当头。跟任何人打交道都怀疑别人是不是算计他，任何事情都要考虑一下吉凶，这就不行。

以疑为明的人和公于人者有天壤之别。马克思也说过"怀疑一切"，这不是前者小肚鸡肠的怀疑，是世界观的思辨。禅宗也说"小疑小悟，大疑大悟，不疑不悟"。这也是认识的境界，与个人利益的狐疑不断没有关系。这里讲的是明和疑的关系，以及怎样修行自心的明和去除自心的疑。要把它理顺，因为"能疑为明，何啻千里"呀！

第六讲　至尊至贵，亚圣之乐

理性命第二十二

　　阙彰阙微，匪灵弗莹。刚善刚恶，柔亦如之，中焉止矣。二气五行，化生万物。五殊二实，二本则一。是万为一，一实万分。万一各正，小大有定。

惚兮恍兮，恍兮惚兮

《易经》讲"穷理尽性，以至于命"，孔子讲"不知命，无以为君子也"，庄子讲要"达命之情"。人有人之理，命运有命运之理，社会有社会之理，自然有自然之理。真理只有一个，整个生命的规律、自然的规律、思想的规律、宇宙的规律实际上是共生的、同一的、殊途而同归的。在穷理达命的过程中尽性，尽人之性，尽物之性。每个人都有自己的性能，社会则有社会的性能，宇宙有宇宙的性能，如何尽其性，需要我们探索。每个人都有无限的思维能力，但我们的思维能力往往被局限在很小的空间、很小的因缘之内。如何开辟更大的思维空间，开拓更大的因缘半径，是优秀的人孜孜以求的远大目标。

其实我们都很可怜，从小到老无所事事、没有作为。当看到一些伟大的人物有伟大作为时，往往产生自卑感。为什么别人能这么辉煌，自己偏偏这么窝囊？关键是自己没有尽性。为什么没尽性？被自己的习气、烦恼、小知小见束缚，没把自己最大的能量、最大的智慧释放出来。什么是"穷理尽性，以至于命"？我反复说《易经·鼎卦》的"正位凝命"。我们的命运到底怎么样？我们的自然生命也好，社会生命也好，精神生命也好，怎样发挥到极致？这需要我们思考，也需要通过我们的修为把我们本具的能力释放出来。"穷理尽性，以至于命"就是对理、性、命的充分发挥，把人生能量释放到极致之处。

周敦颐在《通书》中如何看待理、性、命？我们的理、性、命是什么形象，能给它们画素描吗？能拍出全息三维、四维图片吗？说不清楚。这就是"阙彰阙微"。它们有时会毫无掩饰地把形态释放出来，公开地、没有秘密地释放，但真要观察它们时，又看不见了。

就像《宝镜三昧》中洞山祖师所说"夜半正明，天晓不露"。当我们不去留意、不去思考它们的时候，理、性、命大放光明、无阻拦地释放。当我们想认识它、捕捉它的时候，它就"天晓不露"，无影无踪了，"上穷碧落下黄泉，两处茫茫皆不见"。"彰"，是公开表现出来，但要认识它们时，又"微"，看不见了。如《道德经》所说的"惚兮恍兮，其中有象；恍兮惚兮，其中有物"。

"匪灵弗莹"，很多时候我们觉得自己灵感乍现，那灵感光明剔透，就像摩尼珠、水晶球一样，但未必是它。如果说很光洁、很晶莹，像通灵宝玉，也不是它。所以《金刚经》说"凡所有相，皆是虚妄"。我们面对它就像老禅师参禅一样，又像《道德经》所说"视之不见名曰夷，听之不闻名曰希，搏之不得名曰微，此三者不可致诘，故混而为一"。就是"夷、希、微"的状态，它确实存在，但要用眼、耳、鼻、舌、身去感受，要用理性去把握，它又消失得无影无踪。这就是其中的妙处，我们需要参禅悟道才能打破机关，明白其中的道道。

周敦颐写《通书》的年代，正是北宋禅宗非常成熟的时候。禅宗的思维、禅宗的教学方式深深地影响了儒学士大夫，他们也习惯用禅宗的方式来理解儒家、道家的理念。"阙彰阙微，匪灵弗莹"说是玄学也可以，说是禅学也可以。关键是我们如何步入这种状态，去捕捉那种微妙的存在。

前面的"阙彰阙微"需要悟道，后面的"刚善刚恶，柔亦如之"，就要在日常动用间去感受了。刚，有善的方面，比如正直、刚强、豁达，但要恰到好处。过，就成了暴戾、狭隘，就变成恶了。柔，也有好的一面，温良恭俭让是柔的表现。过了，成了谄媚，就变成恶了。有的朋友脾气大，我经常劝他脾气小一点。有人思维跳跃，说话频率快，我经常劝他节奏放慢点。有人太稳重，没有热情，我经常鼓励他放开些。有人容易激动，我经常引导他遇事要冷静，这就是"中焉止矣"。我们要止于中道，止于中庸，但这个度也不好把握呀。

"二气五行，化生万物。"学传统文化、学中医的，天天都要面对二气五行，搞数术、看相、看风水、搞政治、搞军事的也要面对二气五行。二气，就是阴阳。何谓阴阳？太阳是阳，月亮是阴；白天是阳，夜晚是阴；动是阳，静是阴。物理学中有正电、负电，有正极、负极，磁场中也有南极、北极。21世纪宇宙学、物理学重大发现，有物质，有反物质，有空间，还有反空间。而这些概念中国两千多年前就已经有了，就是阴阳。什么事都离不开阴阳，前后、上下、左右、正反，作用力与反作用力，化合与分解。阴阳一两句话说不清楚，但无处不在，任何事都可以感觉到阴阳存在的踪迹。

五行，金木水火土。首先是中国的宇宙论，五行是宇宙化生的基本要素。土，化生万物，是后天之本，能生就一切、包容一切，厚德载物是它的写照。土能生金，木没有土也不能生长。金，就是金属状态。金曰从革，金有锋利性，可以作为工具使用。木，是生命形态，从低等生命到高等生命都离不开木，离开了生命形态，宇宙就没趣味了。火，是可燃物燃烧时的氧化状态。火的形态妙不可言，对宇宙生存、文明进化，乃至生老病死起到很大的作用。水，生命离不开水，水是承载万物生命运行的要素。从中医来说，五脏六腑、奇经八脉都有金木水火土的属性，在实践上也是成功的，这是自然性。从社会性来说，仍然有金木水火土五行相生相克的循环，中国以前的政治、经济都贯穿了阴阳五行的道理，供执政者、思想家使用，也是成功的。

阴阳五行，化生万物，不能用西方的自然科学理论来嫁接。很多学者把阴阳五行与现代科学生硬嫁接，往往失败。成都有位留法博士当年用《易经》推算出了太阳系第十大行星，这是个笑话。现在第九大行星冥王星都被排除出大行星行列，降为矮行星，第九大行星都没有，哪来的第十大行星？只不过作为一个研究，在法国人看来很新鲜，浪漫的法国人也给了他博士学位，但这没有实践性，也不可能通过八卦推算行星轨道。谈东方智慧还是用东方思路，谈自然科学还是用西方思路，别搅和在一块。

"五殊二实，二本则一。"五殊，就是金木水火土；二实，就是阴阳。太极是一，无极而太极，太极动而生阳，静而生阴。阴阳无论怎么变，都脱不开太极这个一。阴阳一动，就成了五行，五行化生万物。但万法归一，五行要归于阴阳，阴阳归于太极，太极就是一。

"是万为一，一实万分。万一各正，小大有定。"当年有气功大师跟我说："太极生两仪，两仪生四象，四象生八卦，我是明白的。但太极到底是怎么生两仪的，我就一直没想明白。"我们念头未动的时候就是太极，念头一动，念头的阀门一打开，阴阳就有了，五行就有了，万物都有了。当我们不动心的时候，一念不生时，万物归于寂灭，万法归于寂灭，都如如不动了。念头一动，动亦如如，万法各就各位。我们的精神是一，我们的精神内容无穷无尽，无穷无尽就是万。本体宇宙是一，现象宇宙无穷无尽是万。宇宙的本体是一，但宇宙在时间中、运动中，就有无穷无尽的境像生生灭灭、来来去去、分合不已。所以我们要明白"二本则一""万为一""一为万"的道理，就是我们主观世界与客观世界的关系。主观世界有主观世界的内容，主观世界和客观世界的内容都是万，能感知主观世界内容的、能认识客观世界的那就是一。我们认知"万"和"一"的关系时，一定要有明晰的界限，但能够认识主观内容又能认识客观内容的，又不离开内容，所以能知和所知又是不二的，能知和所知本来就是一个"一"。

"万一各正，小大有定。"这是玄学，也是精神现象学，也是实践理性的哲学。不论是康德、黑格尔，还是后现代的思想家都在这个角度上谈哲学，只不过花样不一样。中国谈的不一样，印度谈的不一样，西方的古典主义、现代主义、后现代主义谈的也不一样，但都围绕着"一"和"万"的话题没有变。只不过谈的话题在不同因缘中呈现不同的形态而已。对这个问题有兴趣的还可以在以后深入探讨。

颜子第二十三

> 颜子，一箪食，一瓢饮，在陋巷，人不堪其忧，而不改其乐。夫富贵，人所爱也，颜子不爱不求，而乐乎贫者，独何心哉？天地间有至贵至爱可求而异乎彼者，见其大而忘其小焉尔。见其大则心泰，心泰则无不足，无不足则富贵贫贱处之一也。处之一则能化而齐，故颜子亚圣。

世事无常，孔颜之乐

"颜子，一箪食，一瓢饮，在陋巷，人不堪其忧，而不改其乐。"两千多年来，颜回的故事激励了很多仁人志士，特别是贫贱寒门之士，成为他们上进的强大动力。中国到了隋唐，尤其是武则天时创殿试和武举，很多寒门之士通过科举考试在朝为官，甚至成为朝中重臣、封疆大吏。支撑这些寒门之士的信念就是读经，他们都知道这么一个先进模范人物：颜渊，颜子。颜子就是个穷光蛋，住在贫民窟里，"一箪食，一瓢饮"，生活如此寒酸。"人不堪其忧，回也不改其乐。"一般的士人都受不了，但颜回却乐在其中。

孔夫子三千弟子，七十二贤人，其中很多人都到诸侯国里去做官了，当外交部长、财政部长、国防部长的都有。但颜渊从来没有去从政，一直跟着孔夫子。忧不忧？现在的物价、房价就连很多中产阶级都担心，更别说一般的打工族了，的确忧。但为什么他"不改其乐"？这里周敦颐还有个故事可以讲一讲。宋明理学两大泰斗程颐和程颢，十五六岁的时候，被父亲带着去见周敦颐，想要拜他为师。他给这两兄弟出了道题，说给出正确的答案才能拜师。周敦颐给二程出的题目就是"寻孔颜乐处"。孔夫子一辈子颠沛流离，颜回一辈子穷困潦倒，但他们的精神状态都很好，都非常愉悦，没有自惭潦倒，他们到底乐什么？二程给出了答案。

当然，《通书》中本来就有答案："夫富贵，人所爱也，颜子不爱不求，而乐乎贫者，独何心哉？"人人都追求富贵，但颜子不爱不求，他的价值观念是怎样的？"天地间有至贵至爱可求而异乎彼者"，天地间有比富贵更珍贵更可爱，与富贵完全不在一个平台上的东西，超越富贵的东西那就是道。道远比富贵大得多，所以才能"见其大而忘其小焉尔"。在精神上的反映则是"见其大则心泰，心泰则无不足，无不足则富贵贫贱处之一也"。感觉自己很充实、很满足，没有什么空虚遗憾。这样的价值观念非常重要，现在很多人心理失衡或者得抑郁症，就是心态没调整到位。如果"心泰"了，就无不足，没有缺憾，万法具足，自我圆满。这种情况下，就能"富贵贫贱处之一也"。

所以真正有修养的人能上能下，升官不喜，贬官不忧，富贵了不骄奢，贫贱了不沮丧，对贵贱两端能处之如一。我们看很多官员在台上时颐指气使，盛气凌人，骄慢不可一世；被"双规"了，气焰马上就下去，连说话的味儿都变了。有的人是"子系中山狼，得志便猖狂"，一阔脸就变，发财了就把过去的贫贱之交不放在眼里。我们的确应该好好反省一下自己的修为，使之达到"富贵贫贱处之一"

的境界。人生一世,三十年河东三十年河西,可能几起几落,或上或下,谁也说不清楚。永远有人发财,有人破产;永远有人升官,有人遭贬。新陈代谢是社会的根本规律,是世间的普遍现象,无常嘛。在这生灭不定、世事无常的状态下,我们闲庭信步、优哉游哉而乐在其中,这就是"处之一"。

举个简单例子,今天给你一百亿,明天送你去火葬场,你干不干?肯定不干。哪怕只是做个科员,哪怕一个月收入很少,喝点稀饭都行,活着更重要。明天生命就结束,什么高官厚禄和自己也不相干了。什么和自己相干?自己的生命跟自己相干,自己的精神和自己相干。所以,酒色财气、功名利禄都与自己无关,用以前的话来说都是身外之物。身内之物就是自己的身体、自己的精神。健康的身体、愉悦的精神,远远超过外在的功名富贵。

"处之一则能化而齐。"什么"化"?随顺世间的变化,随顺心灵的变化。"齐",就是平等、平常心。庄子讲《齐物论》:万物都有差别,但万物都没有差别。我们看元素周期表里也就是两百来种元素,实际上是原子内部电子、质子、中子数量的差别而造成了物质的差别。把原子再细分,就是些基本粒子,总有最根本的基本粒子。整个宇宙在爱因斯坦、霍金们看来,也就是能量和物质变来变去所形成的万象森罗的世界。社会、精神同样如此。心生种种法生,心灭种种法灭。富贵贫贱都是唯心所现,哪怕是真的,也要转化为我们的精神感觉,以我们的精神来承担所谓的穷达贵贱。怎样提升我们的精神能力?能消化这一切、承载这一切、转化这一切,"化而齐"很重要。

有的人股票跌了几百万,不想活了,跳楼。有的人股票跌了放在那里不管,过几年涨起来,仍然是富翁。面对同样的事,有的人有担当精神,有的人没有。别那么敏感,别那么脆弱,坚强一点。要化,化成一种境界,化成一种优势,化成一种魅力。"穷理尽性,以至于命",要达到这种最高的受用,这得见道、成仙。见道也好,成仙也好,成佛也好,就是价值观念的转变。你有佛的价值观你就是佛,你有道的价值观你就是道,你有仙的价值观你就是仙。

"山中方一日,世上已千年。"在山中一念平和、安宁之际,世间已经如同千年的无常、千年的生灭在其中了。以道眼观天下,千万别把荣华富贵、酒色财气看成与我有关。这样的话,不论怎么折腾,都忽悠不了我。颜子达到了这样的境界,所以他是仅次于孔子的圣人,"故颜子亚圣",是我们学习的榜样。

师友上第二十四

> 天地间,至尊者道,至贵者德而已矣。至难得者人,人而至难得者,道德有于身而已矣。求人至难得者有于身,非师友则不可得也已。

媚友、直友与诤友

上一章讲了颜子为什么不改其乐,为什么见其大而忘其小。这章继续阐述,"天地间,至尊者道,至贵者德而已矣"。

之前有个老板对道感兴趣了,就把全部家产送人,一文不留,入山修道。这样的人不少,有的人为了学道,公司也不管了,家也不要了。即使太太、子女可爱动人，也不管了。为什么会这样？因为他心里有道。道在他心里超过了富贵，超过了家庭，就全身心投入进去了。对这种人我是不赞成的，因为他堕入有相了，没有融入无相。我一再给身边的朋友讲即世间出离世间，以出世间的心办入世间的事。别这边是出世，那边是入世；这边是娑婆世界，那边是道。把这个世界打做两截，是一种很低能的修行方法。

关键是要在价值观念上提升起来，要明白天地间有个道非常珍贵，有个德非常珍贵，超过了世间的功名富贵。对道有感悟的人，的确放得下功名富贵。功名富贵，不过是自己办道的资粮。办道需要法、财、侣、地，需要理论、伴侣、道场，而这些都离不开经济基础，即财。我们的价值观需要升华、优化，如果我们的价值观优化了，就不会为眼前的利害得失而动心。有企业家说每天管理企业很累，不知道赚那么多钱干什么。如果有更高的理念，是为了道，为了提高国家税收，为了给国家培养更多的人才，怀着这样的理念来干事，越干越有劲，干得理直气壮。所以"至尊者道，至贵者德"，是颠扑不破的道理，心里有了道有了德，任何局面都敢于应付，任何事情都无怨无悔。

但还有一条："至难得者人"，道也好德也好，都要有承载者。古人说："道在得人。"人能弘道，非道弘人。没了人，道在哪里？德在哪里？这个人还要是身体、精神都健康的人。"人而至难得者"，还有个条件，"道德有于身而已矣"。地球上的人类现在都有70多亿了，其中大部分庸庸碌碌，但众生中有一些是有道有德的人，这就难得了。现在日子的确窝囊，心情不畅，看见社会很多阴暗面，不顺心的事也多，也是希望有英雄出世，有圣人出世，有菩萨出世，其实他们就是有道有德的人。

我们讲《通书》时一直都在讲道讲德，我们的价值观是不是定位在道上？有人说道太远了，我没有那么好的福报，能遇见好老师，遇见菩萨指点开示。那么德呢？仁义礼智信、忠恕廉耻搞得怎么样？自己的良心哪里有亏欠？与人交有没有信？自己有没有贪嗔痴慢这些不良心性结构？自己的性情是否达到"刚善刚恶，柔亦如之，中焉止矣"的境界？如果做到，就是有德的人，离道也就不远了。

如何能使自己在道中？"求人至难得者有于身"，怎样使道和德在自己身上圆满充实？"非师友则不可得也已。"就像自己有病，买些医书保健手册来看，看了有没有好处？还是有的，但多数人越看越迷糊，这就需要好的大夫给你把脉开处方，给你提建议。好的大夫就是自己健康的师友。如何了解自己的心性结构，了解心性中的长长短短，往往是"旁观者清，当局者迷"。自己对自己的长长短短未必看得清楚，大多数人都是文过饰非，只照别人不照自己，这是人的共性，待别人严，待自己宽。要彻底改正自己心性的弱点、过错，非得有好的老师、好的朋友不可。

老师、朋友一定得是良师、净友。并不是你好我好大家好，相互忽悠、戴高帽，那叫佞友。这样的老师，也是没用的老师。真正的老师一定要对人的道和德有帮助，道和德上没帮助的不叫师友，而是酒肉朋友。所以，同道之间千万不要只是一团和气，在和气的基础上要敢于互相批评、自我批评，这样才能互相提升。真正的师友是调理我们心性的良药，在这个基础上才能说"同于道者，道亦乐得之；同于德者，德亦乐得之；同于失者，失亦乐得之"呀！

师友下第二十五

> 道义者，身有之，则贵且尊。人生而蒙，长无师友则愚。是道义由师友有之，而得贵且尊。其义不亦重乎！其聚不亦乐乎！

有德之人粉丝多

《通书》四十章都很看重师友，因为师友是道的基础，离开了师友就难以进入道义之门径。一个有道德、有道义的人走到哪里都受欢迎。人的魅力从哪里来？从他的道义上来。一个无道无义的人一定是个孤家寡人。孟子说："得道者多助，失道者寡助。"政治上是这样，个人生活圈也是这样。有情有义、有道有德的人有他独特的人格魅力，走到哪里都有朋友、粉丝。无情无义、无道无德的人走到哪里都招是非、惹麻烦。道义是付出、是善良、是克己、是奉献的，无道无义往往是小气、自私、猜疑、损人利己的，这样的人走到哪里都是形孤影单。所以，"贵且尊"的确是从道义上来的。

"人生而蒙，长无师友则愚。"小孩子生下来无知无识，他的知识经验都必须通过师友而来。古人说："近朱者赤，近墨者黑。"营造一个优秀的人事环境，是我们生活中需要注意的事。物以类聚，人以群分，君子有君子的圈子，小人有小人的圈子，学道有学道的圈子，官场有官场的圈子，商场有商场的圈子，这样的人事圈子就和我们的命运有密切的关系。我们要建立什么样的人事圈？我还是提倡相尚以道，大家在道上行、在道上聚，这是最好的。

为什么大家喜欢读长江商学院、中欧商学院、清华北大总裁班？主要不是为了学知识，而是为了建立人事关系的网络，在建立人事关系网络的过程中去寻找商机和发展平台。另外，能够去这些平台的大都是成功人士，大多数成功人士在道义上都是有心得的，所以可以结成良师益友。一个人如果不仁不义、无道无德，我不太相信这样的人会成功，应该很快就被淘汰出局。很多人看重这个缘分，有了这样的缘分，"则贵且尊"。

菩萨有菩萨的眷属，圣人有圣人的师友圈，贤人有贤人的师友圈，他们在一起"其义不亦重乎！其聚不亦乐乎！"《论语》里孔夫子说："有朋自远方来，不亦乐乎。"乐的就是君子之聚。冤家聚头，则苦不堪言。但朋友、知己、情人来了，那种愉悦之情非言语所能道。师友之聚一定要乐在其中。有时候师友相聚未必乐，有疑而未决的事，明明感觉是对的，但磨合碰撞时未必就那么痛快，这种不痛快说明大家在道义上的感觉还没有同步，大家还各有各的见解，各有各的性情。

禅宗有个很著名的《十牛图》。"牧牛"要通过十个阶段慢慢调，最后达到牛我两忘、当体一如的境界。同理，人与人交往，哪怕是师友间交往，想"其聚不亦乐乎"，也不是那么容易的，要到一定的火候才乐得出来。开始还未必乐，就像谈恋爱，好事多磨。磨来磨去，为伊消得人憔悴，死去活来，最终才修成正果。所以我们要看到师友间乐在什么地方，苦尽甘来，由苦得乐，要认识到这个过程。

讲到这里，就自然过渡到下一段，我讲《通书》时反复提到"君子进德修业"。如何进德修业？关键在"过"。前面第八章："人之生，不幸不闻过，大不幸无耻。必有耻，则可教；闻过，则可贤。"谈到了我们的提升，道德的优化从改过而来。师友，就是能监督自己的过错，能提醒自己迁善改过的人。怎样才能迁善改过？首先要摆正自己的心理，形成"喜闻过"的习惯。

过第二十六

仲由喜闻过，令名无穷焉。今人有过，不喜人规，如护疾而忌医，宁灭其身而无悟也。噫！

孔子的两大伤心事

"仲由喜闻过，令名无穷焉。"孔夫子弟子三千，贤人七十二，"仲由"就是子路，大家都很熟悉。子路在众弟子中个性最鲜明，有豪侠之气，直来直往。孔子其他弟子，性格各不相同，有的刚柔兼济，有的深藏不露。但他正是因为知错就改，欢迎老师、师兄弟们提意见，所以得到了很好的名声。我们读《论语》，看到孔夫子对颜渊只有赞赏，没有批评；对其他弟子褒贬不一，批评最多的是子路，表扬最多的也是子路。要说孔夫子与学生的私人感情，可能第一是颜渊，第二就是子路。

孔夫子有两件非常伤心的事：一是颜渊去世，二就是子路遇难。颜渊去世，孔夫子哭得死去活来，"噫，天丧予天丧予"。子路遇难时，孔夫子已经七十二岁了，伤心欲绝，过了一年就去世了。子路不死，孔夫子也许还能多活几年。子路只比孔夫子小九岁，可以说亦师亦友，这种感觉是其他比孔夫子小几十岁的弟子们没法取代的。所以孔夫子说："道不行，乘桴浮于海。从我者其由与？"

"仲由喜闻过，令名无穷焉"，子路迁善改过的人格值得我们仰慕。然后周敦颐话锋一转，"今人有过，不喜人规，如护疾而忌医，宁灭其身而无悟也"。人精神上要有自我调控力，医学上讲要有免疫力。我们的身体有问题就看大夫，吃药，把身体调理健康。精神上、道德上有问题，也需要这样料理。但很多人有过错不愿听师友规劝，总是怀疑别人给他提意见是别有所图，是要表现得比自己优秀、智慧。或者是不是看我不顺眼？干吗总想对我指手画脚。就像自己有病不喜欢医生治疗一样，这样护疾忌医的人还不少。大家都知道"扁鹊见蔡桓公"的故事，扁鹊多次给蔡桓公指出身体的疾病，蔡桓公不听，还嘲笑他说："医之好治不病以为功。"结果扁鹊走了，蔡桓公发病，很快不治而亡。

"有耻则可教，闻过则可贤"，这是我们自身精神走向光明的重要前提，迁善改过在后面章节还会提到。佛法讲修行，修行不外乎把自己的烦恼转为菩提。比如修行把贪心变为公心，把损人利己之心变成克己复礼之心，把利己之心变成利他之心，等等。但这些说教又有几个人能真正听得进去？唯识学把惭愧纳入善心所，无惭无愧则属恶心所。我们惭愧的心重不重？如果惭愧的心重，这个人一定很精进，善于主动纠错。"士别三日，当刮目相看"，知道羞愧的人才能有所提升。如果一个人脸皮厚，不论别人怎么给他提意见，他都不为所动，要想提升起来就很难。江山易改，本性难移，这基本是性格乃至命运的定式。能够把自己难移之性移动，本身就是非常之人、优秀之人。

自我修正是一个人最了不起的能力。没有自我改正的能力，我们一生谈学、谈修都是多余的。学无止境，修无止境。圣人看来，护疾而忌医，"宁灭其身而无悟"的人很可怜，明明药都放在那里了，你为什么不吃？明明有这么多好的师友在身边，指出你心性上的弱点，为什么至死不悟？我们身边也有这样的人，自己好像也知道自己的弱点，但很难改正，惯性太顽固。我看在眼里，急在心里，也没办法，很可惜。若要有为，一定要痛改前非，很多人也不是大毛病，就是一点不良习气，但不良习气就拖了事业的后腿。如果把这些习气改掉，就能日新月异。一个优秀的人之所以优秀，就在于他自我调整的能力强大。

势第二十七

天下，势而已矣。势，轻重也。极重不可反，识其重而亟反之，可也。反之，力也。识不早，力不易也。力而不竞，天也；不识不力，人也。天乎？人也，何尤！

天下大势，顺昌逆凶

"天下，势而已矣。"势，趋势、形势。这个势到底什么意思？物理学上讲势能，《三国演义》里常说"汉室气数已尽"，气数已尽就是积重不可返。三峡大坝总装机容量2250万千瓦，二滩电站装机容量330万千瓦，有些小水电站几十万千瓦，甚至只有几千瓦。世界上几大著名瀑布，水倾泻下来有排山倒海之势。高速公路上，突然身边一辆重型卡车擦肩而过，司机惊出一身冷汗。公务员看到中央领导来视察，官大一级如泰山压顶。这些都是势。势是一种动力，一种能量。天下大势、世界大势，浩浩荡荡，顺之者昌，逆之者凶。为什么会处于这样的状态，我们在世上又如何应对？

先秦诸子有个法家学派，法家讲什么？肯定讲法，如何落实法？讲术。如何玩术？讲势。法、术、势，三者缺一不可。光懂法，像律师，只能根据相应条条框框来博弈，还没法玩术。欧洲债务危机，美国占领华尔街，这些都是势。这些势中，欧美的法不健全吗？欧美法制是最健全的。能玩术吗？这一二百年来，英美是最会玩术的国家。所以，法、术最终要归结到势。

现在团队管理说执行力，执行力在哪里？在势上。企业里推崇人性管理，员工过生日发点礼品、发个红包。有人拿到红包很高兴，谢谢老板。有人拿到红包，心想才这么一点，为什么不多给点呢？有的老板、领导说话，令行禁止。有的老板、领导说话，下面就拖拖拉拉，这也涉及势。势应该怎么运用？必须积蓄能量，积蓄因缘。如果不善于积蓄能量、积蓄因缘，要把某个事情贯彻下去、推动下去，就比较困难。

毛泽东的军事思想里非常著名的一句："集中优势兵力，各个歼灭敌人。"他就是要把势集中起来，从而消灭对手。虽然我们不是大官、大老板，但对势的运用一定要有认识。处于敏感部门、敏感职位的人对势也会特别敏感。这仅是对"势"点了一下题而已。

什么是势？就是不以人的意志为转移的社会的客观走向。社会发展有它的客观规律，这个规律就是势。天下之势，是共业所在，儒家的话叫气数所定。道家的《黄帝阴符经》曰："日月有数，大小有定，圣功生焉，神明出焉。"这四句藏了四个字：数、定、生、出。搞化学是数定生出，搞艺术是数定生出，搞工程是数定生出，人际关系也是数定生出。一个国家，政治、经济、军事等社会方方面面的现状，这些都是数。天气如何，农业如何，工业如何，人口如何，都可以拿数据，要干事就得心中有数。

势，本来是个很模糊的概念，但在中国传统的政治学、道家学说、法家学说里，势又是很清晰的概念。我们怎么感受"天下，势而已矣"？改革的大潮不可阻挡，同样是顺之者昌，逆之者凶。怎样顺应大势？各地又不一样，不同领导、不同群众感觉也不一样。欧债危机，美国经济衰退，日本核事故，这些都是势，势有它的惯性。怎么来顺应，怎么来处理，而不是被它伤害，需要好好参究。

势，有轻重，就像我们干事有轻重缓急。重且急的事一定要当下处理，认真处理，全力以赴地处理。轻的事，缓的事，可以放在一边，视其情势处理。但是有些看起来轻、缓的事，时过境迁，又会变成急的事、重的事。所以，处理身边的人事关系也好，经济关系也好，政治关系也好，我们都要善于认识势的轻重。如果不认识势的轻重，有朝一日，积重而不可返，就搞得自己没有回头路了。

怎样识势，就联系到怎样见机。我反复谈了机："君子见几而作，不俟终日。""动而未形、有无之间者，几也。"积重而不可返，一定不要把自己放在这尴尬的位置上，要"识其重而亟反之"。不要到了积重难返的时候才"识其重"，而是在未曾形成"积重"的时候，见微知著，化解矛盾于无形之间。有些因缘、苗头，在一定的时间、一定条件下触发后就会积重难返，影响我们的决策、影响我们的事业，所以关键要"识其重"。

"反之，力也。识不早，力不易也。"我们处理一些不顺的事情，要花更多力气。反败为胜，扭逆为顺的确需要能耐，但没有智慧，不能见其先机，空有力量也没办法。项羽在咸阳摆鸿门宴，那时候除掉刘邦像捏死一只蚂蚁一样。范增看到了危机的苗头，劝项羽把刘邦宰了，但项羽妇人之仁，觉得师出无名。等刘邦回到了汉中养了几年，暗度陈仓、东渡黄河，那时候项羽再想收拾刘邦就没那么容易了。哪怕他"力拔山兮气盖世"，错过了最好的时机，也只能徒唤奈何。

　　机不可失，时不再来。古人在这方面经验教训很多。鸦片战争以来，中国国势日渐衰微，一天不如一天。尽管朝廷有识之士如曾国藩、李鸿章、孙中山等都想力挽狂澜，但未见起色。从辛亥革命到抗日战争，国家民族几经风雨，终于在"二战"后期，扭转了局势，同盟国战胜了法西斯。但不幸的是中国又陷入了内战，在美苏超级大国的格局里，不得已进入了新的混乱状态。就算有识之士也没法阻止，这就是势，非人力所能为。事后诸葛亮谁都能当，事前诸葛亮谁能当？个人的事都不好处理。《大学》说"修身、齐家、治国、平天下"，首先根子在自我，家庭能处理好吗？婆媳关系能处理好吗？夫妇关系能处理好吗？同理，社会国家的局面也不是联合国能掌控的。

　　"力而不竞，天也。"中国讲究天时、地利、人和，尽人事听天命。人很难胜天，以前说人定胜天，现在看来地球上的事都解决不了，还能解决太阳系、银河系的事？人的视野离开了城市，你就会觉得自己很渺小。"5·12"大地震，我们感觉到人的力量很渺小。日本地震、海啸引发核灾难，同样让人感觉到在自然面前人力非常渺小。日本的技术、经济力量、组织能力远远超过我们，但仍然"力而不竞，天也！"如果一颗大的彗星撞到地球，人类能有办法吗？所以要看到天的力量、自然宇宙的力量，这个力量不是我们人类社会所能把控的。

　　但是，"不识不力，人也。"人的力量是什么？这个话题在中国历史上争论不休。到底是人定胜天，还是天定胜人？主流意见还是天强，当了皇帝还是要到天坛祭天、地坛祭地。但我们还是要通过自己的能力去认识社会、认识自然，发挥自己的力量，这就是人的作用了。

荀子在《解蔽篇》里批评庄子"蔽于天而不知人"，好像道家学说就是道法自然而忽视了人的主观能动作用，也有他的道理。既然我们是智慧的生物，就应该尽自己的力量，该干的还要干。同样，我们也不能蔽于人而不知天，把人吹得像上帝一样，也不行。自然性与社会性要和谐。中国自汉代以来就讲究天人合一，就是认识到人与自然应该和谐共处。个人、社会与自然和谐相处这是真实意义上的天人合一，而并不是冥冥之中有个什么天，有个什么天人一感应，就大吉大利升官发财了，不是这么回事。就是讲自然性和社会性的和谐。

　　"天乎？人也，何尤！"这个天，就是自然性，人也是自然物，具体的个人身上具备自然性、社会性和精神性，三性是密不可分的和合体。要摆正自己的位置，要认识自己在天地人中的位置，不能过，不能不及，要恪守中道。不守中道，人定胜天，错了；天定胜人，也错了。只有恪守中道，才能恰到好处，才不会犯错误。

　　面对势，我们也要中道而行，不依中道，认识早了又能怎样？"文革"之初，就算知道"四人帮"要倒台，你反对"四人帮"试试？所以怎样使自己有先知先明的洞察，有顺应大势的圆融，又有暗中拨动局面的能力？这需要智慧的人好好参究。

第七讲　文辞载道，圣人之蕴

文辞第二十八

　　文，所以载道也。轮辕饰而人弗庸，徒饰也，况虚车乎？文辞，艺也；道德，实也。笃其实，而艺者书之，美则爱，爱则传焉。贤者得以学而至之，是为教。故曰："言之无文，行之不远。"然不贤者，虽父兄临之，师保勉之，不学也；强之，不从也。不知务道德而第以文辞为能者，艺焉而已。噫！弊也久矣！

文辞是艺，道德是实

　　《文辞》这章有几层意义，是一层一层推进。第一句话，大家都很熟："文，所以载道也。"道在哪里？天地就是道。用禅宗的话来说："举目是道，是心是道。"但这是学禅终极的感受，没有悟道哪有这样的境界？一般人入道都要有个学习过程，要学圣人留给我们的经典。儒家就是学四书五经，道家就是学《道德经》《南华经》，佛教就是学佛陀的经，不论是大乘的，还是小乘的，基督教要学《圣经》，伊斯兰教要学《古兰经》。

我们留意到，流传下来的经典，文辞都非常美。孔孟老庄非常美，佛经里面的《心经》《华严经》《法华经》《维摩诘经》都是美不胜收。基督教的《圣经》也是西方古典文学的典范。如果要通达西方文化，一定要学《圣经》，那是个优秀的范本，就像司马迁的《史记》一样。不读《史记》，文章写不好。我们作为平常的人，如何提升道德观念，优化智慧？没有捷径，就是要读经典，经典就是"文"。

孔夫子说："郁郁乎文哉，吾从周。"周代的文献的确是达到了"文"和"化"的境界。文可以化人，改造人。年轻的时候，我的老师告诉我，学习的意义是学以致用，然后是学以变化气质，然后是学养一体。必须学养一体才有感觉，通过养，把所学知识变成养分滋养我们的精神。

下面就举了例子来说明："轮辕饰而人弗庸，徒饰也，况虚车乎？"现在买了房都要装修一通，小青年买了车，特别是女孩子，把车装饰得温馨可爱，如童话世界一般。但房子装修了不入住，车买了不用，毫无意义。现在的教学现状也是大学毕业生学了很多知识，上岗时，很多人从事的工作与所学不相干。学不当用，用不当学，很可惜。

《庄子·列御寇》里有个寓言故事，有位壮士朱泙漫倾家荡产学了屠龙术，但学成后遍视天下，无龙可屠。我们的人生要定位，要确定自己搞什么事业。很多老板就是没想清楚，时间、精力、经济都用错了方向，弄得自己很狼狈。所以一定要务实，务实就要善识时节因缘。我们一定要在自己力所能及的半径内干事，包括自己的能力、智慧、人际关系和局势（世界经济形势、当地经济形势、产业走向，等等）。"轮辕饰"如同我们投资（经济投资、人事投资、智力投资等），都是"饰"的过程，但一定要落到实处。"况虚车乎？"别去搞空中楼阁，不能玩虚的。这里是着重谈"文"的修养学习，要实不要虚。

"文辞，艺也。"上小学、中学我们都有语文课，选用的文章都很美。古代私塾的蒙学，像《三字经》《百家姓》《幼学琼林》等都很美。为什么我们会感到美？这些文章有艺术成分，是艺术化、美化的作品。现在画家、书法家的作品很美，他就被称为艺术大师。所以文辞是艺，是艺术。

但"道德，实也"，道德是实打实的，无须艺术化的修饰。四书五经很美，《道德经》《南华经》很美，禅宗的一些公案也很美，但美在什么地方？"笃其实"，有道、有德充实其中。前段时间，长沙有个世界性的道教文化研讨会，就讨论"道"和"德"的关系。可惜这个世界没多少人能真正把"道"和"德"搞清楚，都是说些表层的道和表层的德，仅仅就概念来发表些论文而已。

有的人是亿万富翁，有的人官当得很大，但走到哪里别人都不喜欢，很多富翁、官员得了抑郁症，甚至跳楼。有的人升官发财后却被双规、判刑，这有什么用？不实，虚的。用佛教的话来说：无常啊！三十年河东，三十年河西，谁能保证一辈子都升官发财？不可能。但有一样东西是永远与你不离的：自己的生命、自己的精神。生命和精神为自己拥有，如果没有道德充实进去，仍然显得虚。有了道，有了德，就能"富贵贫贱处之一也"。不论富贵贫贱都能"常泰无不足"，道德才是实，才是我们精神的支撑点、生命的支撑点。

前段时间和一些朋友交流中西文化的差别，交流现在中国人该怎么办，我就说关键问题在优化思维。人同此心，心同此理。我们一天二十四小时把心放在什么地方？是放在打妄想上，放在说是非上？还是放在发牢骚上？还是老老实实放在自己当做当为的事情上？一个优秀的科学家为什么优秀？他思维能力强，另外就是专注，他可以十年二十年乃至终其一生钻研一个课题，如虫御木，能不成功吗？我们的心都是花的，哪里好玩就到哪里去了，哪里有是非耳朵就到哪里去了。天天发牢骚，这样看不惯，那样看不惯，评论天下就是不评论自己。一定要反观自照，找到自己心性的弱点，把它调整过来。把我们的心、我们的精力用在当用的地方，这就叫"笃其实"。

"笃其实，而艺者书之"，前人找到了道德这个最高阶位，有了体验，通过很好的文字记载下来。大家一读《诗经》《唐诗三百首》《宋词三百首》《古文观止》，朗朗上口，很惬意。有国学功底的人读司马迁的《史记》，从头到尾，兴奋处可鼓之舞之，引吭高歌，悲切处可掩案而泣，使人在阅读中受到启发，受到改造。于是"美则爱，爱则传焉"。自五四以来，写新诗的人数以万计。现在，一般人背不出几首新诗，但唐诗估计每个人都能背几首，多的背一两千首也不出奇。为什么？"美则爱，爱则传焉"的道理在，自己欣赏，自然流传。

当年我在监狱里日子非常难过，饥饿、恐惧、劳累，不知道前景在哪里。我没事就把唐诗、宋词、佛经、《易经》拿来背，在心里面反复玩味，玩来玩去就把恐惧、痛苦忘在一边了。然后自己就学着写点诗词歌赋，在玩的过程中还很享受，就回避了在监狱里的空虚、焦虑和恐怖。所以，道不能丢，文章还要写好。现在很多书法家名气很大，字卖到几千到几万元一尺，可写的全是古人的东西。很难见到现在的书画大师有自己的诗文作品，隔代了，没有这个文化氛围了。

"文辞，艺也；道德，实也。笃其实，而艺者书之。"这是个完整的过程，然后"美则爱，爱则传焉"，之后是流传推广的过程。这个推广过程不是策划、包装、炒作。古时候，李白、杜甫、苏东坡一篇文章出来，并没有报纸、电视或者微博，但很快传遍全国。宋代柳永常在妓女队伍里打交道，饭都吃不饱，但词填得好。他喝醉了酒，写首词出来，自己不知的情况下，两三天内，长江南北、运河两岸无人不知、无人不晓。苏东坡被贬到惠州、海南，他的诗一样不到半年就传遍全国，这就是"爱则传焉"。

"贤者得以学而至之，是为教。"我们搞教育的要明白，什么是教？贤者对道德、对艺，一定要自己去学，而且要学而有成。"君子乾乾，不息于诚"的成长过程就是"教"，一个成功的人，他的经历本身就是示范，就是教化。我们常说英雄的模范作用，枯燥宣传是没用的，但一个成功人士，经济上、文化上、政治上、科学上的鲜活成就本身就是"教"。贤者学后既然能至之，就一定有付出、有取舍，一定要孜孜不息地贯穿下去。这就是身教，当然也有言教。

"言之无文，行之不远。"古代的经典很"文"，哪怕朴实也有艺术感染力。《左传》《史记》很"文"，唐诗、宋词很"文"，《诗经》、《楚辞》、汉赋很"文"。何谓"文"？一有逻辑性，二有道在其中，三有表现形式赋、比、兴的精彩。用佛家话来说有语言三昧、文字三昧。现在搞艺术的人很多，成为大师的寥若晨星，关键就是言之无文。我也给身边的朋友说要优化思维、美化思维，可以通过文的形式，诗也好，词也好，小文章也好，先尝试写。不去尝试就永远不懂，这过程就像把一块铜板打磨成光可鉴人的宝镜。只有言中有文了，行之才远。

"然不贤者，虽父兄临之，师保勉之，不学也；强之，不从也。"有些人也的确是没办法，父母天天敲打，不学；老师天天督促，不学。不论谁引导、强迫都不学，这就没办法了。孔夫子说："唯上智与下愚不移。"我们也要学习孔夫子因材施教的艺术，能学的教，不能学的、不是这块料的教也没用。能到我这儿来的都是好学之人，听我唠叨一阵，既不求升官又不求发财，还耗费时间，但仍然愿意来听，说明各位都是好道、好文之人。

"不知务道德而第以文辞为能者，艺焉而已。"现在文化界关键是要务道德。不务道德，光在文辞上张扬、铺张，哪怕达到很高的境界，也不过是"艺"而已矣。还谈不上"文"，"文"是在道上说的，是载道之器。孔夫子、释迦牟尼佛被尊为文圣、文佛，都是在"文"上。周文王、汉文帝之所以被尊谥为"文"，都是在德上有过人之处。范仲淹谥号"文正"，曾国藩谥号也是"文正"，在古代这是最高褒奖，"此谥之至美者"，以表彰他们济世治国的千秋功绩和先忧后乐的高风亮节。

现在报纸上也好，电视上也好，能看见几篇美的文章？文章倒是多，但看了也就忘了。"渭城朝雨浥轻尘，客舍青青柳色新。劝君更尽一杯酒，西出阳关无故人。""千里莺啼绿映红，水村山郭酒旗风。南朝四百八十寺，多少楼台烟雨中。""停车坐爱枫林晚，霜叶红于二月花"，"春色满园关不住，一枝红杏出墙来"。这样的诗入耳就终生难忘，为什么？魅力所在，根本不用去背。

"噫！弊也久矣！"在文教最为昌盛的宋仁宗之时，周敦颐先生都发出了这样的感叹，那现在呢？更是其弊也久矣！

圣蕴第二十九

不愤不启，不悱不发，举一隅不以三隅反，则不复也。子曰：

"予欲无言。天何言哉！四时行焉，百物生焉。"然则圣人之蕴，微颜子殆不可见。发圣人之蕴，教万世无穷者，颜子也。圣同天，不亦深乎！常人有一闻知，恐人不速知其有也，急人知而名也，薄亦甚矣！

孔夫子是个闷葫芦

这章大家要留意，到底圣人肚子里装的是什么？释迦牟尼佛肚子里装着什么思想？"不愤不启，不悱不发。举一隅不以三隅反，则不复也。"这就是举一反三的来历。不论是在成都搞龙江书院，还是在广州搞粤海书院，面临这样的问题我也很头痛。时间久了，也感到没盐没味。有些修为的关键处给同学们说了，结果大家没感觉、没反应，更不用说举一反三。学习都需要"愤""启"的过程。"愤"，要有这方面的冲动。很多人的学习都是在某个环境中凑热闹，包括长江商学院、中欧商学院、清华北大总裁班，不是去学习，而是去交友。麻烦就在于现在中国人少有在道上的发心和求知欲，而国家正在发展的关键时期，政治、经济、体制方面都有些困难需要解决，需要大家进一步提高知识与技能。

我们有没有"愤"、奋发的感觉？《庄子·逍遥游》曰："北冥有鱼，其名为鲲，鲲之大，不知其几千里也。化而为鸟，其名为鹏，鹏之背，不知其几千里也。怒而飞，其翼若垂天之云。"那个"怒"啊，我们如何感觉到"怒"？"不愤不启"，"愤"！我们有没有这种求知欲的冲动？这是不可压抑、不可抗拒的冲动。就像青春期男孩与女孩心里的那种冲动，朝思暮想、辗转反侧的不懈追求。在道上如果没有动力，没有强烈的追求欲望，就不可能出成就。在释迦牟尼佛那里，大家都不吭声，打瞌睡，打妄想，佛祖还会开口说话吗？佛教里，请佛祖讲经都是一请再请三请，大众同请、普请，不到这个份儿上，佛祖不开金口的。

"不愤不启"，本身就是大家憋到一定份儿上了，孔夫子才给众弟子说几句。我们打开《论语》看，没多少话。"不悱不发"，"悱"，心里打鼓，前前后后憋急了，思考了很久，这时孔夫子才来启发他。禅宗里有个公案叫"啐啄同时"，老母鸡孵小鸡，孵上三周，小鸡熟了。小鸡在鸡蛋里面轻轻啄蛋壳，母鸡必须同时在外面用力啄，把蛋壳啄碎，小鸡才能出生。小鸡如果没啄，老母鸡性急提前啄蛋壳，小鸡就会死在里面。小鸡在里面啄，母鸡不在外面配合，小鸡力量有限，壳啄不透，小鸡也会死在里面。"啐啄同时"，用孔夫子的话来说就是"不愤不启，不悱不发"，这里面的火候非常精妙。搞教育的一定要注意，要善于看学生"愤"否、"悱"否，然后启之、发之。

"举一隅不以三隅反"，举一反三是个非常重要的转变，这叫融会贯通。我们学知识，并不是一加一就等于二，学一个招式就是一个招式，一定要在若干招式里融会贯通，古今中外都要融会贯通。不能古人是古人的，现代是现代的，老外是老外的，我们的是我们的。法上也要万法归一，归于何处？司马迁写《报任安书》时，说："究天人之际，通古今之变，成一家之言。"后来的"知百家之言，成一家之说"，"知百家而主一"，都不曾超越司马迁的这句话。我讲课这么多年，能举一反三、融会贯通的学生遇见的并不多。当然，也有一些可喜的，通过他们的好思、多思达到了这样的效果。

遇到不能举一反三的情况，"则不复也"，没有必要重复，重复也没用。要知道不说话的妙处。有的课上一遍也就行了，感兴趣的下来再交流。比如上堂课讲"势"，有的人听起来没感觉，有的人就感兴趣。势，奥妙无穷，是法家镇宅之宝，谁愿意在势上深入领会这个学问？

"子曰：'予欲无言。天何言哉！四时行焉，百物生焉。'"孔夫子就跟佛陀刚悟道时一样，不想说。佛陀认为一切众生皆有菩提性，没什么可说的，欲入涅槃。梵王天和帝释天三番五次请求佛陀别走，留下来度众生，佛陀才留下来普度众生。每个人都有心，眼耳鼻舌身意都有，天地并没有把它的秘密藏起来。日月星辰、江河湖海、万事万物都毫无遮掩地放在我们的感官之下。社会上人来人往、生生灭灭也是毫无遮掩地放在我们的感官之下，老天爷还有什么要说的呢？就看自己有没有悟性。有悟性就能读懂天地之文，反之就读不懂。

"然则圣人之蕴，微颜子殆不可见。发圣人之蕴，教万世无穷者，颜子也。"我把自己比作一口钟，轻轻撞，轻轻响，用力撞，震天响。平常我大脑处于虚空状，不想事，打妄想都不知怎么打。但如果有人来提问、来触动我，我还是源源不断地有的说。我尚且如此，何况孔老夫子？翻开《论语》一看，很多人向孔夫子提问，真正提到点子上的，恰恰是颜渊。子路、樊迟、冉有都没有颜渊问得精到。孔夫子是不怎么说话的，但正是因为颜渊不断提问、不断敲钟，孔夫子博大深邃的思想才堂堂皇皇地如长江、黄河之水般流出来了。

如果不是颜渊善于提问，孔夫子可能是个"闷葫芦"。他不怎么说话，"恂恂如也，似不能言者"，经常在发呆，都是通过师生之间相互碰撞才产生思想的火花。人与人之间、老师和学生之间一定要撞，撞的时候才能教学相长。我也有这样的经验。二十多年前，我的老师交代我完成一些任务，谁来撞我？是古代先贤来撞我。当年贾老要我把《宝镜三昧》翻译出来。我当时一看：天啊，天书一样的，怎么搞？就撞自己。那时候每天焚香打坐，闭目养神，思考动笔，突然一天灵机一动就开窍了，思绪源源不断出来。前些年在云门寺讲《碧岩录》，有三百多名比丘来听，佛源老和尚到场给我压阵，就是用祖师来撞。这样撞的感觉就不一样，如果没有精彩的撞击，自己能有什么？一片空白，什么都没有。

所以，"教万世无穷者，颜子也。圣同天，不亦深乎！"圣人的底蕴如天地一样、如大道一样深不可测。"常人有一闻知，恐人不速知其有也，急人知而名也，薄亦甚矣！"普通人很浅薄，有一点点料，生怕别人不知道，到处广而告之，花钱搞策划、搞运作。

"急人知而名"，很多出名的人都是这样，现在有广告、有互联网，很方便。自己就可以搞博客，还可以搞微博，有手机就可以搞。有人手机一天可以发几十条微博，就是希望天下人知道他的存在。但是，文不轻发，真正好的文章发出去还是可以的。

我很怀念海灯法师，年轻时我看书还很顽皮，总浮在面上。海灯法师就批评我说："古人写一本书不容易，有的人一生就写那几百个字，你们怎么能这么不敬重？一定要老老实实，把功夫用下去才行。"被敲了一下警钟，我以后就不敢了。有些聪明的年轻人，看书如同照相机，一页一页可以全部存储到大脑。一问全部记得住，但是没经过思考，只是取相而已。

佛学认为我们的精神功能，一是领纳名受，就是感受；二是取相名想，就是回忆；三是思维，把以前获得的信息加工改造、分析综合重组。很多人没有这个程序，只是生吞活剥地接受，仅仅是"受想行识"中的受。佛教中讲转识成智，从没讲转受成智、转想成智。转识，不仅仅是思考，而是要把一切思维得大总持，最后归一才行。

"急人知而名也，薄亦甚矣！"人到了这个地步，其实是很可怜、很可悲的。

精蕴第三十

> 圣人之精，画卦以示；圣人之蕴，因卦以发。卦不画，圣
> 人之精不可得而见；微卦，圣人之蕴殆不可悉得而闻。《易》，
> 何止五经之源？其天地鬼神之奥乎！

圣人心里装了什么

《通书》是周敦颐先生读《易经》的心得，所以名字又叫《读易
通书》《易通》。但是讲了那么多，有人说好像没有感觉在讲《易经》。
很多学《易经》的爱好者都有这个疑问，这《通书》怎么没读《易经》
的感觉？实际上，《易经》的精髓已经在前面讲过了。这一章《精
蕴》，就完全是讲卦了。

"圣人之精，画卦以示；圣人之蕴，因卦以发。"圣人的精到底
是什么，圣人的蕴到底是什么？以前我讲过王阳明的《尊经阁记》，
他对儒家六经都有非常精到的总结和描述。谈到《易经》，王阳明说：
"《易》也者，志吾心之阴阳消息者也。"《易经》表现的不外乎我
们心中的阴阳变化，圣人把它们规范出来，包括八卦、六十四卦等。
圣人胸中什么都有，用佛教的话来说"三教唯心，万法唯识"，用陆
九渊的话来说"宇宙便是吾心，吾心便是宇宙"。但是圣人心里到底
装了什么具体内容？通过八卦、六十四卦就把圣人思想中最精妙的
地方凝固下来，又通过卦来释放圣人思想里所蕴藏的无量信息。

《序卦传》说："有天地，然后万物生焉。盈天地之间者，唯万物，
故受之以屯。屯者盈也，屯者物之始生也。物生必蒙，故受之以蒙……"
然后是讼、师、比等卦，最后到既济和未济。既济是三个阳爻得正位，

三个阴爻得正位，上卦得位，下卦得位，一切圆满。但圆满之后马上来个未济，完全颠倒，全部不圆满。大圆满紧跟着就是大不圆满，如此循环不已。

六十四卦中首先有阴阳,阴阳是对立的。对立不仅显示于阴阳上,卦象上也有反映，即综、错。如乾卦与坤卦相对立，既济与未济相对立，泰卦与否卦相对立。有的卦由两个相同的卦组成，如坎卦，上也是坎，下也是坎;离卦，上也是离，下也是离。从六十四卦的结构来说，卦卦反对。从每一卦自身而言，乾坤二卦是纯阳纯阴卦。乾卦六爻皆阳，但乾卦的二、四、六位又是阴位，即纯阳里面有阴；坤卦六爻皆阴，但坤卦一、三、五位又是阳位，即阴中有阳。其他卦是阴阳参差在其中，参差中形成了更复杂的局面，就要考察上下的关系，上下位置就很敏感。

用《易经·系辞》的话来说:"二多誉,四多惧","三多凶,五多功"。这在我们日常工作中，表现得很清楚。"二多誉"，基层干部得中正之位。全国劳动模范表彰大会都是表彰基层，工人、农民、环卫工人、十大干警、十大法官等，没有表扬国务院模范，表扬省委书记先进的道理。"四多惧"，四处于下卦之上，上卦之下，要保持警惕。上下融洽则上面重视，下面信服。没处理好，上面会视之为威胁，下面不服而敌视，总是处于焦虑不安的状态。"三多凶"，三处于下卦之上，老想往上爬，不容易做到，这就很危险。"五多功"，"五"是一切功劳归于皇上，归于朝廷的位置，坐在那里就一切太平。《易经》的卦位很微妙，又和日常生活息息相关。

卦除了讲错综，还讲中爻变，"初"和"上"不变。"初"是婴儿状态，在社会作用里忽略不计。在古代，"上"是当了太上皇了，退休了，事业走到了尽头，也可以忽略不计。二、三、四、五爻在变化之中，这种变化通过卦爻组合、通过阴阳关系变化可能使其社会关系、事业处于不稳定状态。通过看卦位、卦象的变化，就能得出其所处的局面、面临的困难和有利的方位。所以"圣人之蕴，因卦以发"。《易经》说："君子居则观其象而玩其辞，动则观其变而玩其占。"人们处于动静不同状态时，都可以通过观卦玩辞得到深刻的启发。

"卦不画，圣人之精不可得而见；微卦，圣人之蕴殆不可悉得而闻。"如果没有八卦、六十四卦，圣人博大的底蕴、通天彻地之能、洞悉宇宙之机、应对社会无常的方略，我们怎么看得见？六十四卦就是六十四种自然现象，也是六十四种社会现象，也是六十四种精神现象，我们如何通过观卦找到其中的感觉？这里的卦，还包括了孔夫子编的"十翼"。六十四卦之外还有象上传、象下传、象上传（大象）、象下传（小象）、系辞上传、系辞下传、文言传、序卦传、说卦传、杂卦传。没有卦，圣人丰厚的底蕴"不可悉得而闻"。注意，是圣人全部的底蕴，他的"机"、他的"神"全在里面。

"《易》，何止五经之源？其天地鬼神之奥乎！"这是周敦颐先生对《易经》的赞叹。江湖上看《易》那不得了，看风水要说《易》，看相要说《易》，天文地理要说《易》，佛教有佛教的易学，道教有道教的易学，简直是无所不能、无所不包。要成神仙不懂《易》，如何成神仙？《易经》给我们非常多的启发，我们要怎么读《易经》？

苏东坡著有《东坡易传》，他父亲苏洵写了篇文章《易论》，他们父子研究的《易》叫"苏氏易学"，在北宋很红。但后来"程朱易"被朱元璋政府定为官方易，"苏氏易"就靠边了，不是正学，成体制外了。因为"程朱易"堂堂正正，得到了儒家正解。而"苏氏易"儒家、佛教、道教的内容都有，就有些杂，但博大、精深、有趣、涉及面广。苏洵在《易论》中说古圣人做易，"探之茫茫，索之冥冥，童而习之，白首而不得其源"。不论伏羲画八卦，还是周文王做六十四卦，都是在茫茫冥冥中探索道理。从小孩学起，头发白了都未必得其门而入。《易经》不容易读好。天文、地理、人文都融入《周易》原理，很多预测术、神通都离不开《周易》，奇门遁甲、紫微斗术都是《周易》原理的衍生物，西藏喇嘛打卦也是从《周易》中来。所以，"《易》，何止五经之源？其天地鬼神之奥乎！"

《易经》六十四卦，各有其精微。大家都知道"革命"两个字，《易经》中有个革卦："天地革而四时成，汤武革命，顺乎天而应乎人，革之时大矣哉！"通过革卦，泽火革，道出革命的概念，而且引出成汤伐夏桀，周武王伐商纣的故事，还赞叹革命的时代真是伟大得不得了。革命真有这么大的作用？革命后，就变成鼎卦。火风鼎，象辞是"君子以正位凝命"。破坏了旧政权，建立了新政权，有了新政权后，各就各位。分封诸侯，老百姓安居乐业，就需要正位、凝命。

否泰二卦讲阴阳内外关系。是内阴外阳，还是内阳外阴？是内君子外小人，还是外君子内小人？是君子道长小人道消，还是小人道长君子道消？是把君子纳入我们的团队，还是把小人纳入我们的团队？……这些就看领导者的取舍，非常精妙。

对于搞教育的，蒙卦有指导意义。"蒙以养正，圣功也。"很多搞少儿读经的，养正班、养正学堂都是从蒙卦中得到启示，后面《通书》第四十章还会谈到蒙卦。说到启示，坎卦就是警钟长鸣。不要睡大觉，别翘尾巴，前面一定有光明的路，也有危险的路。"习坎，重险也。水流而不盈，行险而不失其信。"

我们身边有君子也有小人，我们的举心动念既有圣人的光辉心理，也有小人的心态，弄不好还有魔鬼的阴暗。有时自己的某些心思都不敢拿给别人看，一看就很可悲、很肮脏。《易经》说："圣人以此洗心，退藏于密，吉凶与民同患。"怎样用《易经》的道理洗自己的心？像庄子一样把自己的精神澡雪一番。而且还"退藏于密"，并不敲锣打鼓说："你看，我在搞修行。我在学《易经》！我要成圣人！"不会八方吹鼓，给自己打广告。修行就应该老老实实学圣人之道，就应该"退藏于密"。就像寺庙里闭关，不用让别人知道。公之于众，那是"慢藏诲盗，冶容诲淫"，很麻烦的。

《易经》卦象中通过错、综变化，有错，有综。错卦，是阴阳爻错，把一个卦阴变阳，阳变阴；综卦，就是把这个卦颠倒过来看。一个是上下看，一个是从内部结构变化看。所以当领导的看局，要从正面看，还要从反面看，不仅要看光明面，困难面也要看到。看善缘，还要看逆缘。外面的局势如何？内部团队如何？能不能适应形势？我个人怎么样？大众又怎么样？既有上下、内外、左右，还包括一和多的各层关系，而且各层关系都有阴阳交集在其中。

"圣人之蕴，因卦以发"，喜欢《易经》的朋友不要仅仅专注于打卦、搞预测，而是要善于观卦，"观其象而玩其辞"。不善于"观其象玩其辞"，又如何观变玩占？另外，《易经》给我们留下的不仅是占断，还要致力于提高自己的修为。

乾损益动第三十一

> 君子乾乾，不息于诚，然必惩忿窒欲、迁善改过而后至。乾之用其善是，损益之大莫是过，圣人之旨深哉！"吉凶悔吝生乎动"。噫！吉一而已，动可不慎乎！

优化身心结构的关键

这一章讲了乾、损、益三卦。前面我反复提出，修行也好，学习也好，都必须"迁善改过"，特别是闻过自新。在第二十八章《文辞》中谈怎样才能"至之"的时候，就说过"君子乾乾，不息于诚"。大家都知道清华大学的校训就出自乾坤两卦："自强不息，厚德载物"。乾卦的主体精神是自强不息，表现在九三爻："君子终日乾乾，夕惕若，厉无咎。"

《乾卦·文言》中展开说："知至至之，可与几也。知终终之，可与存义也。是故，居上位而不骄，在下位而不忧。故乾乾，因其时而惕，虽危无咎矣。"要结合《乾卦·文言》部分，才能理解"乾乾，不息于诚"。乾乾不息是一种精进状态。佛教讲六度波罗蜜，其中一种精进波罗蜜，就是勤勉、努力、奋发、坚韧向上的精神。这样坚韧向上为了什么？为了达到"诚"的目标。"诚者，天之道也；诚之者，人之道也。"天道是诚，人道也是诚，用佛教的话来说就是真如、明心见性。明心见性就是归于诚。又必须经过"惩忿窒欲，迁善改过"的过程，才能达到目的。

"惩忿窒欲"是损卦的大象辞："山下有泽，损；君子以惩忿窒欲。"我们在生活中经常遇见麻烦是非，常有不顺心的事。很多人患有抑郁症，心理不健康，原因就是欲望太重，烦恼太甚。没有把自己的欲望放淡，时时处于精神的煎熬中，而得了精神疾病。功夫从哪里来？就是从清心寡欲中来，清心寡欲就是"惩忿窒欲"。

我们怎样料理自己的心性？这是人类永恒的主题。从小到老都要对我们的心性进行观照、调理，如养生、护生般对待我们的心性。

现在除提倡养生外，还要养心、养命。不养命，心养不好，生也养不好。"惩忿窒欲"是内心情绪、动机的管理，用佛教的话说就是清除妄想。但既然是"忿"，就不是淡淡的情绪了，而是激昂的、愤愤不平、受了很大委屈的情绪。欲，就是酒色财气。人怎么能少得了这些欲呢？饮食男女，人之大欲存焉。但要想身心结构优化，要想事业成功，就非得"惩忿窒欲"不可。

益卦，风雷益，与山泽损相综。益卦就是迁善改过，其大象辞为"君子以见善则迁，有过则改"。没人敢说自己永远正确，做任何事都符合天理人心，大吉大利，一往无前。每个人都会犯错，所以孔夫子说："三人行，必有我师焉。"我们要善于反省，善于学习。和周边的人打交道，看到别人有优点就学，看见别人的弱点就引以为戒，要把自己的缺点纠正过来。颜子为什么是亚圣？因为他不迁怒，不贰过。同样的错误绝不犯两次。但有些人就未必，同样的错误不断地犯。好友指出了，仍然不断地犯。这些错误就包括"忿"和"欲"。

忿和欲是内心的错，过是行为的错。在寺庙接受三皈依的主要内容就是要把你身语意三业上的失误调整过来。身业，杀、盗、淫、妄、酒要戒；语业，两舌、恶口、妄言、绮语不能犯；意业，就是要少打妄想。"迁善改过"这四个字非常简单，做到却非常难。修行从哪里来？就从迁善改过中来。

我的老师当年给我谈到学习时，说要学以致用，学以变化气质。气质变化从哪里来？就是从"惩忿窒欲，迁善改过"中来。佛教讲因果，很多人爱问开悟没有？证果位没有？这些都是空话，能把自己的气质变化过来就是证果。以前我小气，现在我很大方。以前我疑心重，现在我不疑了，把阴暗的心理转换成了光明的心理。以前我做事处处损人利己，现在我克己奉公、乐于助人。气质一变，就从因到果了。

别再追求什么玄玄乎乎的果位，只要自己在气质上有所变化，有良好的生活习惯、道德习惯、思维习惯，就是非常大的成功了。

江山易改，本性难移，把难移的本性都优化了、美化了，还不成功吗？要成功必须"迁善改过而后至"。这几年我卖的一直就是这服药，很多朋友可能都听得疲惫了。但必须时时讲，不然一放松这方面的警惕，修为一漏，一个筋斗就下去了。曹洞宗讲"三渗漏"，一个念头都不能渗漏，非常周密。

"乾之用其善是，损益之大莫是过，圣人之旨深哉！"乾卦的作用是善。元亨利贞中的"元"，《乾卦·文言》中说"元者，善之长也"。善的作用就在"乾乾不息于诚"上。只有乾乾不息，而回归于诚，才能达到修行目的。六十四卦中专门有两卦谈损益，损益之旨大矣哉，一切功夫都在"惩忿窒欲，迁善改过"之中。学拳，是老师在姿势上帮助拨正，学圣人之道就是在心性上拨正。心就是把无弦琴，拨正心弦，就是改过；改过，就是调弦。这个弦一定要调得恰到好处，弹奏的音乐才妙如仙乐，才吉祥，才如意，才一切圆满。

大家要留意，"圣人之旨深哉"，这个深妙的圣人之旨落在"过"上，请想想"改过"重不重要，一点不夸张。佛教中有句至理名言：转烦恼成菩提。烦恼就是过，菩提就是佛。把烦恼一转就能成佛，把过一改就能成圣人。这是最基础的，又是最高深的。

"'吉凶悔吝生乎动'。噫！吉一而已，动可不慎乎！"大家都说自己人在江湖，身不由己，好像所作所为动则生咎。《易经》六十四卦三百八十四爻，每一爻占断结果不离四个字：吉、凶、悔、吝。在吉凶悔吝中，吉只占四分之一，可能性只有百分之二十五，其他百分之七十五都是不确定。所以，"动可不慎乎！"

我这辈子，尤其近二十年做事，是一慎再慎。不敢有所为，一有所为就怕给朋友们添麻烦，给别人带来经济上、人事上的麻烦。于是学乌龟躲起来，门都不出，更不去妄议个什么，这就是慎动。

孔夫子也慎动，"君子临事而惧，好谋而成"。君子慎动，我们要留意其中的利害。干一件事要规划周密，要把因缘看好，把因果看好。要看局，要看势，要看机，要看局、势、机里的种种因缘。没有这样的眼光，就很平庸。知道是什么样的局、什么样的势、什么样的机，再来干一番事，那就是高手了。玩好了，就是圣手。

第八讲　道充为贵，身安为富

家人睽复无妄第三十二

治天下有本，身之谓也；治天下有则，家之谓也。本必端。端本，诚心而已矣。则必善。善则，和亲而已矣。家难而天下易，家亲而天下疏也。家人离，必起于妇人。故睽次家人，以"二女同居，而志不同行"也。尧所以厘降二女于妫汭，舜可禅乎？吾兹试矣。是治天下观于家，治家观身而已矣。身端，心诚之谓也。诚心，复其不善之动而已矣。不善之动，妄也；妄复，则无妄矣；无妄，则诚矣。故无妄次复，而曰"先王以茂对时育万物"。深哉！

治天下的基本准则

第三十二章讲了家人、睽、复、无妄四个卦。这四个卦融在《大学》的修齐治平体系中。很多人都喜欢《易经》，究竟如何理解《易经》，周敦颐先生给出了他对《易经》体系的看法，希望爱好者注意，别完全留恋在数术里。数术也重要，很多人喜欢玩预测，把自己安排得更吉祥如意。但如果不明白《大学》《中庸》的主旨，修心养性这块缺失了，学习《易经》也是没用的。"《易》为君子谋"，首先要使自己成为一个君子，成为一个贤人，《易》才能起到应有的作用。

"治天下有本，身之谓也；治天下有则，家之谓也。"《大学》说得很清楚，"自天子以至于庶人，壹是皆以修身为本"。社会是人的集合体，社会功能要靠人做载体来完成。修齐治平是一个崇高的理念，由此衍生了很多乌托邦思想。治国也是个很伟大的理念，但落实在什么地方？这一百多年来，天天谈治国，天天谈政治、富国强兵、现代化建设，等等，但离开了修身，这一切就会很空洞。财富好不好？如果财富被捏在小人手里，那是悲哀。权力好不好？如果权力被捏在小人手里，那就会祸害天下。财富、权力都应放在君子、贤人手里。只有君子、贤人来管理，社会才祥和。君子、贤人和小人的区别是什么？是否修身。

"治天下有本，身之谓也。"可谓抓住了纲领。治国的关键在什么地方？很多人都没有回到"修身"这个原点上来。现在的报刊、博客很多人提这样那样的治国理念，这样改造那样改造，恰恰忽视了根本所在。专制也好，民主也好，再优秀的制度都必须要君子来运作，不能让小人来运作。就一般人而言，治国、平天下哪个有这个因缘？有这样的平台？我们能把自己管理好已经是幸莫大焉。所以，治天下首先要谈治身，身不治，遑论其他。在治身的基础上，进行延伸。个人之上，首先是家庭，然后面对自己的邻居、自己的工作单位、自己的社交群体，这是由点及面，面的半径由近及远，由小及大。

所以，"治天下有则，家之谓也"。家庭是社会的基本细胞，中国古代以家为单位。有没有能力把一个家料理好，体现着一个人的处世能力。汉朝选拔官员是举孝廉制，主要就看持家。在家对父母孝、对子女慈，夫妻恩爱，邻里和睦，经过地方上考核、公评，就可以举孝廉、推荐到朝廷，到长安、洛阳学习培训，再分到各地去当官。虽然隋唐后是科举，但仁孝的风评仍会影响一个官员的前程。

治天下的基本准则就在于齐家。不过我们看《春秋》《左传》，从周天子到各路诸侯，未必都做到了齐家有则。很多人家里是非不断，子弑其父、兄弟相残，层出不穷。中国人很推崇唐太宗，但老李家里也是悲剧不断。从玄武门之变到武则天残戮子女以及李氏宗亲，再到唐玄宗父夺子妻，到唐武宗大开杀戒，都是家族的悲剧。诸侯、大夫同样如此，未必就能把家齐好。孔夫子在《论语》《春秋》里谈了很多这些理念，尤其是《周礼》《仪礼》《礼记》等对于国家政权乃至社会、家庭的种种规范都非常详尽，但立足点首先在身，其次在家。

修身又如何修？"本必端。"何谓端？"端本，诚心而已矣。"前面第一章、第二章、第三章专门讲"诚"，第四章讲"诚神几"，之后很多章节都提到"诚"。诚有多重层次，最高处用佛教的话来说，诚就是真如。心达到了诚这样的境界，就充满菩提。对儒家来说，有了诚就有了第三十五章的"至诚则动，'动则变，变则化'"的妙用。这是非常高的理念，一切妙用、成就都是依据"诚"。一台运算速度每秒万亿次的计算机首先需要具备强大的硬件。我们的大脑作为我们自己唯一拥有的精神平台，又有几位能把它管理好，将其优化，使其强有力地工作？很多人都忽视了对自己精神的护养和清理，心里有太多的疑惑、太多的麻烦，这样的状态就让人不敢恭维了。

端，就是端正。立身要端正，立心要端正。端正从哪里来？从诚里来，就是正心诚意。有人问正心诚意和明心见性有差别吗？我的老师说正心就是明心，诚意就是见性，把正心诚意提高到了禅宗明心见性的高度。从高处看它很高，从低处看它就落实在日常生活、举心动念中。

诚心的"诚"此时是动词，是因；当你心诚后，就变成形容词，就在果上了。一个"诚"字，作为动词和作为形容词在实修上的差别要花点功夫来体会。

"则必善。善则，和亲而已矣。"我们能身端、心诚，面对自己的家庭，齐家的法则是什么？肯定是善。善用其心，善待父母，善待妻儿，以至善待邻里，善待领导，善待同事，善待部属。善于分析，善于观察，善于决策，都是善。善，作为家庭的原则，就两个字，"和、亲"而已矣。和，祥和、和谐；亲，亲密、亲爱、亲情。《增广贤文》说："一年之计在于春，一日之计在于寅，一家之计在于和，一身之计在于勤。"家和万事兴嘛。

如何使家庭和睦，家人吉祥如意？骨肉之间也未必好相处，父子、兄弟、夫妇之间也有情感利益上的是非麻烦。我们在家庭中遇到是非麻烦怎么处理？古代还比较好处理，大家都遵循家丑不可外扬的准则。为亲者讳，为尊者讳，家里哪怕有是非、有矛盾，也不让家丑外露，靠和、亲来处理。如果大家都是有教养的人，就会防微杜渐，让一些过节消失在无形之中。要达到这个目标，平时的修养功夫就要做够，在处理家庭是非中同时锻炼了在外面处理社会矛盾的能力。"清官难断家务事"，如果家务事能断得好，那么社会上与己无关的事就能做到公正廉明。在家里还贪什么？家里面对子女还有私心不成？处理家务事时，是自发地处于"公"和"爱"的状态。但现在的人不一样，都是小家庭，独生子女，都谈不上家族了。以前的家还包括家族概念的。

"家难而天下易，家亲而天下疏也。"这两句要注意，很不好理解。家和天下是一对矛盾体，所以说忠孝不能两全。很多优秀的人都处于矛盾中，要为江山社稷服务，就必须远离小家，辞别双亲，告别妻子儿女。要尽孝，享受天伦之乐，就千万别出门，别出生入死。天下兴亡，匹夫有责，有时候国家有难，还得要人出生入死。另外，事不关己，关己则乱，当局者迷。所以，亲则无公道，公则无私亲。大家要明白这个道理。

中国人家里面能讲法吗？一家人今天讲《刑法》，明天讲《合同法》，后天讲《民法》？哪怕有财产纠纷，能闹到法院去吗？反目成仇、闹上法庭的那是冤家，不是亲人。如果大家都眷顾亲情，在家里就不能用法来交流。亲情是亲情，王法是王法。真正的亲情没有王法，也没有公道。反之，王法和公道中也不能掺入私亲。所以，亲情与王法不相干。老公在家没经老婆同意拿了老婆的钱，两人最多吵嘴，老婆不可能跑到法院起诉老公。西方就不一样，可能真的会打官司。

在中国，夫妇、兄弟间谈法律会被笑话，法律中也不能讲私情，所以治家难。我们不能拿国家大法来治家，但正是因为处于没有私心的状态，用来治理天下就容易。在家里有亲爱心，不可能以私心、亲情的观念来治天下。如果以公心把家里财产全部奉献给社会，那太太肯定跟你吵翻了。每个人的时间、精力、情感、智慧都是有限的，把时间放在家里面，还是放在天下为社会服务？现在的老板、领导干部哪有时间窝在家里，一天的应酬都折腾不断，如果有时间待在家里，事业上就很难有成就。《易经》同人卦说："同人于野，亨。"真正的同人不是在家里，而是要同人于野，同志都在社会上。

"家难而天下易，家亲而天下疏也。"每天泡在自己家族里，守在妇人怀抱，自然与天下就疏远了，朋友、同志也不会上门。另外，"君子以类族辨物"，"非我族类，其心必异"。人事工作中很多人不知道这一句的厉害，尽管不好听，但这是真理。人与人打交道都是"同声相应，同气相求"。与异类打交道，就处于不稳定、不安全的状态，可能还是祸事的起源。

通过观家来观人

"家人离，必起于妇人。"男儿有志愿修身、齐家、治国、平天下，要立功于天下，就得离家。哪怕是考举人、考进士，还得赴省城、京城赶考。舍不得太太、父母，就与进士及第、状元及第无缘了。到广州做官也好，到岭南做官也好，到雷州做官也好，都不能带家属。

《易经·家人·大象辞》曰："君子以言有物，而行有恒。"很多人言而无物，说了半天不知说些什么。语言要有针对性，语言要表达清晰准确。我们做事要有恒心，要善始善终，那么这个家才处理得好。家处理好了，还要为社会服务，那就是睽卦。象辞曰："君子以同而异。"一方面要看到共性，一方面要看到差别性、特殊性。睽，是分开的意思。这里分开是指离开妇人。小夫妻恩恩爱爱，如胶似漆，怎么舍得分开？但要干一番事业，就别"悔叫夫婿觅封侯"。

"故睽次家人，以'二女同居，而志不同行'也。"睽，离上兑下，火上行而泽下行，又是中女和少女在一起，不能同心同德，这就有是非、有麻烦。庄子在《外物》篇中有个生动的表述："室无空虚，则妇姑勃谿"，就是媳妇和婆婆在家里窝在一起，就会成天吵闹不休。

这里周敦颐举了一个案例："尧所以厘降二女于妫汭，舜可禅乎？吾兹试矣。"大家都知道尧舜禅让的故事。尧帝老了，要找接班人，四岳即诸侯们就公推虞舜，说这小伙子不错，又孝顺又能干，主意又多，人又勤快。尧帝也很老到，觉得需要考核一段时期，就把自己两个女儿嫁给他，还给他一块封地，即妫汭，在北京城南附近永定河与海河汇合的地方，在当年还是比较苦寒的。通过把自己两个女儿嫁给舜，来观察他，看他是沉溺在小家庭里还是胸怀天下，为天下苍生办事。当然，舜经受住了考验，表现得很好，不仅把娥皇、女英料理得好，还把整个华北一带治理得很好。经过了28年的考核，尧帝才把天子位禅让给舜，这是中国历史上的一段美谈。

当然，就家人和睽卦而言，嫁女试舜的说法在这里有点牵强，但中国历史上通过观家而观人的案例很多。有的上级要提拔某位下属，就会派人观察下属家里的人员结构，家风如何。所以诗书传家、仁义传家的这些人容易世代为官。如果家风不好，有兄弟相残、父子反目的丑闻，就很难在社会上出头。从这些方面可以看出："治天下观于家，治家观身而已矣。"

一个家族，为什么全部族人都愿意让你做当家人？当然，有的是选长房长子，如孔府就规定长房长子当家长，一代衍圣公、二代衍圣公，到七十七代衍圣公，非得是长子。但一般百姓家还是择优、择能、择贤，特别是在大家族里。如《大宅门》中选二爷做当家人，就是因为他和二奶奶能干。有些庞大家族有几十房，人口上万，要推选族长，还是要通过观身。

身从哪些方面来观、来考核呢？身端。"身端，心诚之谓也。"就是看这个家长诚否。一个人是不是诚心，通过眼神就能看出。眼神很纯，不是迷茫、狡诈，也不是疑惑、阴暗。诚心的人肯定是光明的，但又不仅仅是光明。本朴的人眼神都光明，小孩的眼神也光明，但眼神光明里还要透出睿智才行。大山里面很多老乡眼神都很纯、都很诚，但不够睿智。

怎样才"诚心"？"复其不善之动而已矣。"复不善之动，就是迁善改过。君子一定要善于闻过则喜，知错能改，将不善之动改过来。

"不善之动，妄也；妄复，则无妄矣；无妄，则诚矣。"谈到改过，就把复和无妄两卦带出来了。复卦的意义很妙，如果打卦得复卦，表示快要苦尽甘来，麻烦要过去了。大家知道冬至一阳生，我们的心灵也要一阳复始，才能万象更新。我们常在阴气中度日，人的是非、算计、烦恼都是阴气。一定要让我们心中阳气萌动，把内心的阴气扫荡一番，这就叫"复其不善之动"。

《易经·复卦·象辞》曰："先王以至日闭关，商旅不行，后不省方。"在先秦时代，冬至节那天，城门关闭，家家闭户烤火，哪还有什么商旅？生意人早回家过年了。"至日闭关，商旅不行"，不仅是在社会生活中，在我们心灵里也要有商旅不行的时节。寺庙里常常有修行的人闭关一个月、闭关三年。闭关也是"商旅不行"，外界联络不通了，眼、耳、鼻、舌、身、意关闭了，心里面的各种念头、烦恼全部停下了。一天24小时，我们的念头也要不时停下来盘点盘点。有多少善的，有多少恶的？有多少积极的，有多少消极的？有多少高尚的，有多少无聊的？盘点之后，就会发现，除了学习和处理事务，大部分时间我们的心念都是混乱无益的，只会虚耗我们的精神。明白了我们精神的现状，就应该"复其不善之动"。修行好了，把"不善"的改正了，就是"妄复，则无妄矣；无妄，则诚矣"。这是修行的基本功，也是前面章节反复在说的道理。

为什么周敦颐要把益卦、损卦放在前面？就是谈君子"惩忿窒欲，迁善改过"。这是提升我们精神、道德、思维的唯一通道。儒家讲修养，佛教讲修行，无论修养、修行都要"复其不善之动"，使我们回归于诚。《六祖坛经》中神秀大师的"时时勤拂拭，勿使惹尘埃"就是这个道理。哪有什么高深窍门，这就是打遍天下无敌手的基本功。千万别小看了这种自省的能力，《中庸》说："莫见乎隐，莫显乎微。

故君子慎其独也。"说的也是这个道理。

"故无妄次复。"《周易·序卦》中，复卦后面就是无妄卦。"先王以茂对时育万物"是无妄卦的象辞。茂，不是茂盛，是勤勉的意思，就是佛教中的精进波罗蜜。时，时机，因缘。我们要勤勉地面对我们身边的时机因缘，不能懈怠。"育万物"，为什么会有万物育出？心生种种法生呀。心端了，能正心诚意、格物致知。修身了自然就能齐家，齐家了自然就能治国、平天下。能平天下，还不能"育万物"吗？"育万物"就是治国、平天下的一个引申。

整个第三十二章实际上就是通过家人、睽、复、无妄四个卦来说明《大学》里修身、齐家、治国、平天下的道理。以前学习《大学》读了就读了，到底有什么内涵，是怎样的次第，细微之处如何感受，往往不知所云，不知下手处。看了《通书》第三十二章才知道，原来修身、齐家还有这么多深奥道理，有这么多细微功夫，希望大家都能留意。

富贵第三十三

君子以道充为贵，身安为富，故常泰无不足。而铢视轩冕，尘视金玉，其重无加焉尔！

心安为贵，身安为富

一个人必须要确立自己的价值观念，优化自己的价值观念。观念在什么层次，基本上就决定了你是什么样的人。一般人看来升官发财就是富贵，升官则贵，发财则富。但古代君子未必把权力、钱财当成富贵。周敦颐说："君子以道充为贵，身安为富，故常泰无不足。"这句话到现在演变成"心安为贵，身安为富"。心安，用禅宗的话说，悟道的人才心安，大彻大悟的人才心安。二祖见达摩祖师时求的就是安心法，"我心未宁，乞师与安"。而俗语说心安理得。理得了才能心安，理不得怎么心安？干一件事，没占理，会惭愧，占在理上，心就会安。

"君子以道充为贵"，我们的眼光、价值观是放在世俗的名誉、地位上，放在酒色财气上，还是放在道上？这是君子和常人的分野，君子的眼光肯定在道上。人与人是相交以利，还是相交以道？很多人是有利则合，无利则分。用西方的话来说，只有永恒的利益，没有永恒的朋友。中国人很难接受这样的理念，但国际政治就是这样的局面。有利益就是朋友、哥们儿，没利益就是路人。这当然不好，富贵无常啊。很多被"双规"的官员在台上时多神气，"双规"后当初的风光去了哪里？中国富豪排行榜前几位的多数是房地产老板，现在头疼的也都是那些大富翁。世界经济不景气，房地产时刻面临危机，他能不伤神吗？现在得抑郁症跳楼的官员、富翁不少，他们还贵得起来吗？

"以道充为贵"，这个道，不是背几句《道德经》，或者背《易经》"一阴一阳之谓道"就能掌握的。这个道是用来充实自己的身心性命的。如果自己的身心性命里完全包含了道的力量，拥有"我就是道，道就是我"，"宇宙便是吾心，吾心便是宇宙"的气概，有这样的心胸和受用还不尊贵吗？孔夫子为万世师表，皇上到了孔庙也要跪拜上香。皇上到了大雄宝殿，在佛祖面前也还是要磕头上香，因为他们有道。庄子描述黄帝访广成子于崆峒山，是跪在地上膝行请教，完全没有皇帝的威风，因为道是最贵重的。前面第二十三章、第二十四章及第二十五章都有谈到道的贵重。

"身安为富"，这很好理解。亿万富翁得了癌症，器官也换了，不久于人世，亿万身家拿着有用吗？得了抑郁症要跳楼，拿着钱财有用吗？我见过好几例，挣了很多钱，结果生病后到医院，耗光所有钱也救不回命。现在流行一句话："年轻时拿命换钱，年老时拿钱换命"，很有道理。大家想想，挣了钱但得了一身病，自己又无法享受，完全是给医院赚钱，那还有什么意思？拥有健康，就拥有财富。一个健康的身体，已经是我们很大的一笔财富了。

当我们心中有道，身体又安又健康时，就"常泰无不足"。心里太太平平，吉祥如意。到了这个认识层次，就会"铢视轩冕，尘视金玉"。就像陶渊明不为五斗米折腰，古代学道的人都视富贵如弃履。孔夫子也说："不义而富且贵，于我如浮云。"人没有这种境界，就真是俗人一个。孟子说"说大人则藐之"，庄子是"天子不得臣，诸侯不得友"。中国很多隐士都有这样的意气风骨。

《文心雕龙》中专门有一章谈"风骨"，一个士有风骨是很了不起的。现在的明星、富翁、官员还能从他们身上看出风骨的味儿吗？某君写了本《民国那些范儿》，那时候的人有风骨的颇多。像熊十力、梁漱溟、陈寅恪、马一浮这些老一辈的知识分子，他们都有范儿，就是有独立精神、自由思想。孟夫子所说的"富贵不能淫，贫贱不能移，威武不能屈"的大丈夫境界，的确是我们立志的借鉴。所以，"铢视轩冕，尘视金玉"是一个人的道德风尚，也是一个人的风骨。

"其重无加焉尔！"孔夫子说："三军可夺帅也，匹夫不可夺志也。"我们能不能有这样的情怀？是否仰慕这样的人物？最好我们自己也能培养起这样的精气神，不然见了官员尾巴摇来摇去，见了富人一副谄媚相。我讲课时把古人的风范意气提出来，就是希望大家好好感觉、好好思考。思考一下为人处世、立身涉世需不需要道。

陋第三十四

> 圣人之道，入乎耳，存乎心，蕴之为德行，行之为事业。彼以文辞而已者，陋矣！

管理学圣经《心书》

"陋"，俗陋，鄙陋。要使我们的心性高尚起来，就不要让自己显得俗陋。一个俗陋的人，走到哪里都让人不敢恭维。圣人之道不外乎在道、在德、在仁义礼智信上加以发挥。我们面对"圣人之道"，能不能"入乎耳，存乎心"？这是前提。现在有人说圣人之道值多少钱？能发财吗？能升官吗？多年来非理性的批判和莫名其妙的宣传，搞乱了我们几千年的文化传统，非常令人痛心啊！

我常说人有三性：自然性、社会性和精神性。自然性有没有道？有道。养生、养命都得有道，失其道，生也不得其养，命也不得其养，心也不得其养。社会性就是贵贱穷达，荣辱是非。社会性有没有道？有道。要看是走君子之道，还是走小人之道。精神性就是喜怒哀乐、雅俗正邪，精神性也有道，是取高尚、高雅、高明的，还是取庸俗、卑贱、低劣的？对道有追求、有取舍的人，一定会"入乎耳，存乎心"，首先会做个有心人。跟我听课的人从成都到广州也不少，有几位真正能"入乎耳，存乎心"？当年我跟随在海灯法师、本光法师、贾老、佛源老和尚身边，来来去去的人数以万计，据我观察，其中"入乎耳，存乎心"的也真没多少，这是很可悲的现象。

不仅要"入乎耳，存乎心"，还要"蕴之为德行，行之为事业"。"入乎耳，存乎心"是内，就是修身。而"蕴之为德行，行之为事业"就是在社会生活的实践中持之以恒。前者为因，后面为果。前面是为一己服务，后面是为大众服务，就是孟子说的"穷则独善其身，达则兼济天下"。这是一个次第。

我们对"文辞"要修，要知道其中有圣人之道，要学习圣人之道。还要"存乎心"，要把它固化。在日用动静之中、举心动念之中都要去浸泡、去感受、去理解，去提升我们对圣人之道的见识，而且要固化于我们的德行中。

知识多了好不好？圣人之道多了好不好？好！但消化不良怎么办？我常对学佛的人说，佛教的道理好，了不得，但要消化、要吸收。不能这也学那也学，会拉肚子的。我见到好些学佛的人都消化不良了，有的还在拉肚子，拉得人憔悴不堪，人也变形，精神也变形。"蕴之为德行"就得善于消化，善于吸收，把圣人的言教变成我们身、语、意三业活动的力量。

另外，还要展开深入实践。很多人想修菩萨道、菩萨行，说自己有愿力。所谓愿力也是空的，只是个初因而已。光有愿力，不付诸行动，不付诸实践，怎么行？把愿力变成事情做下去，愿力才能落到实处，才有可能成为果。所以要"行之为事业"。在实践中去推行，战胜一切困难去做好修行，不能"三天打鱼，两天晒网"，要持之以恒。

恒卦卦辞很好："日月得天而能久照，四时变化而能久成，圣人久于其道而天下化成。观其所恒，而天地万物之情可见矣！"看一个人就看他在一件事情上有没有恒心，看他根本精神的去向在哪里。如果朝三暮四，今天干这个事，明天干那个事，今天有这个愿力，明天又是那个发心，变来变去，终究一事无成。干事业要有一颗恒定之心，必须有所取、有所舍，锁定目标，然后放弃与目标无关的事，一年、两年、三年乃至终生干下去才会有成果。事业就是老实人干老实事，就是在一件事上一以贯之地干下去。东一下西一下，选择多了就没选择了，事业也就没了。因为人的时间有限，精力有限，因缘也有限。

要行，孔夫子也说"听其言而观其行"。诸葛亮的《心书》既是一部兵书，也是一部管理书籍，里面有很多考察提拔人才的论述。其中很重要的一点诀窍就是通过人的行为观察才德。古禅师说："说得一丈，不如行得一尺；说得一尺，不如行得一寸。"功夫主要在行动上，嘴上说得天花乱坠，行为上为零，没用。"行之为事业"，是要靠实践的。

"彼以文辞而已者，陋矣！"有的人没有道，只会写点花花文章。第二十八章《文辞》说："文，所以载道也。轮辕饰而人弗庸，徒饰也，况虚车乎？文辞，艺也；道德，实也。"文辞一定要载道。古代圣贤所写文章，有道的就流之久远，无道的文章再美也没用。宫体诗花团锦簇，有几篇能流传下来？纯粹为文章而文章，为写诗而写诗，没有道德风骨在其中，这样文章的确可以用"陋"字来概括。

拟议第三十五

> 至诚则动，"动则变，变则化"，故曰："拟之而后言，议之
> 而后动，拟议以成其变化。"

随顺因缘，待时而动

我们都很注重变化，心在动，手足在动，事业在动。《易经》曰："无思也，无为也，寂然不动，感而遂通天下之故"，"穷则变，变则通，通则久"。运动是永恒的，静止是相对的。佛教有句口头禅叫无常，无常就是变化。面对这种变化是被动地随波逐流，还是主动地把握方向？这一章就谈到如何应对变化。

"至诚则动，'动则变，变则化'"，这简单几个字不好讲。但通过《易经》其他文字作为注解引申就可以看到其中的奥秘。首先，"至诚"用佛教的话来说就是进入真如状态了。圣人的心是至诚之心，圣人心一动，是非常了不起的。《中庸》说："诚则明矣，明则诚矣。"还说："唯天下至诚为能化。"佛教里讲佛祖心一动，极乐世界就幻化出来了；圣人心一动，人间乐土就打造出来了。

"至诚则动"，怎么"动"？《易经·系辞》说："是以君子将有为也，将有行也，问焉而以言，其受命也如响，无有远近幽深，遂知来物。非天下之至精，其孰能与于此？参伍以变，错综其数；通其变，遂成天地之文；极其数，遂定天下之象。非天下之至变，其孰能与于此？易，无思也，无为也，寂然不动，感而遂通天下之故。非天下之至神，其孰能与于此？夫易，圣人之所以极深而研几也。唯深也，故能通天下之志；唯几也，故能成天下之务；唯神也，故

不疾而速，不行而至。"用这么长一段话来解说"至诚则动，'动则变，变则化'"的内涵，怎能不令人向往呢？若要有这样的境界和功夫，首先就得进入至诚状态。

这个至诚状态就蕴含了几层深意。《通书》第四章谈"诚、神、几，曰圣人"。我也反复说一个具体的人有自己的位。比如浙江某地商会的会长，他有他的"位"，除了他的社会地位，他在家里也有相应的位。这个"位"不是孤立的位，还有他的"局"：这个浙江某商会是在广东的浙江商会，就跟广东的经济局面融为一体，而广东的经济局面又跟中国的乃至全世界的经济局面融为一体。这就是所处的局，这个局决定了这个位。这个位将来走向如何，得看"机"，商机、转机。"机"怎么把握？还得看"势"。外面的经济形势和自己圈子上的"势"。没有势，机来了也没用。永远都是遍地商机、遍地黄金，别人能得到手，你未必能得到。机会照不照顾你，还得看自己的命和运。所以，位、局、机、势是融为一体的。要干一番大事业，不会看局，不懂捕机，也不会蓄势，谈何有所作为？"动则变，变则化"都是在这个局里面。自己的命运、位就处于这个局、这个机、这个势之中。怎样才能处理好错综复杂的场面？"至诚"而已。

至诚就包括了刚才所说的"非天下之至精，其孰能与于此？""非天下之至变，其孰能与于此？""通其变，遂成天地之文。"现在社会环境这么复杂，人事关系这么复杂，经济环境这么复杂，这句话就教我们如何在复杂的社会网络里"通其变"，从而畅通无碍。

"通其变"才能"成天地之文"，还要"极其数，遂定天下之象"。数，就是数据化。很多事务都要量化，如何量化？在《易经》中也有细论。但归根到底，我们心里要有这样的修为。

"易，无思也，无为也，寂然不动，感而遂通天下之故。"首先要把自己的心思清空，空了才能生智慧。脑袋里面满满的，"我执"充斥，顽固不化，哪里会有变化、有高招？很多人思想僵化，知识老化，自以为了不起，他的心路就堵塞了。在自己内心里都寸步难行，还能独步江湖？

"夫易，圣人之所以极深而研几也。"极深，再深的道理也要把它搞懂。"几"通"机"，机，机会、先机、机缘。别人看不到的你看得到。现在仅仅是潜在的苗头，以后会成为天下大势，成为主流，你能不能抢在别人之前发现这个"几兆"？"唯深也，故能通天下之志。"我们的心思深到极处，我们的眼光深到极处，才能通天下之志。现在的世界，东边是东边说法，西边是西边说法，有钱人是有钱人说法，没钱人是没钱人说法，地方是地方说法，中央是中央说法，能不能汇通起来找到大家共同都能接受的说法？这是个学问，既需要魅力，也需要意志。

《中庸》里说"唯天下至诚，为能尽其性。能尽其性，则能尽人之性。能尽人之性，则能尽物之性。能尽物之性，则可以赞天地之化育。可以赞天地之化育，则可以与天地参矣。"从"尽其性"开始，然后"尽人之性"，再到"尽物之性"，最后是"赞天地之化育"。至诚之道在儒家看来，这样的境界是"至矣，尽矣，不可以复加矣！"所以下面的就顺理成章了。

"唯几也，故能成天下之务。"有些事看来是潜在的，但在将来也会成为必然。大家可以想想，现在有什么"机"能在将来十年、二十年甚至五十年后成气象的？不论政治上、经济上、学问上，能够成为一棵大树，为中华文明再造一片崭新的天地？谁能识破这个机？谁能乘势而起？

"唯神也，故不疾而速，不行而至。"有心栽花花不开，无心插柳柳成荫，的确有这种事。"时来风送滕王阁，运去雷轰荐福碑"，怎样做到"不疾而速，不行而至"？有人好像什么都没干，一切成果就到手了。实际上，他是善于借这个因缘顺势而动，随缘而动，没一点人为造作的痕迹就达到了目的，这是最高境界。

"故曰：拟之而后言，议之而后动，拟议以成其变化。""拟之"，私下思考。我们对外界的事务在分析、思考后得出自己的判断，就叫"拟之"。"拟之"后还要"议之"。"拟之"是私下的，"议之"是一群人讨论。如同董事会讨论提案，政治家讨论形成决议。拟和议是干事的程序。如果干事凭想当然，没有思考，没有策划，没有分析，大家也不讨论就慌慌张张地仓促上阵，单凭一时热情，热情一过，自己说些什么都不知道，肯定不行。

"拟议以成其变化"，什么是"变化"？以前是这样，现在是那样，由此及彼，由因到果的一个过程。这个过程必须要通过"拟议"。佛教讲因果，实际上并非"因果"两个字那么简单，是"因缘果报"四个字被大家简化了。有因，还得有缘，有果，还得有报。

所以，我们不能只看变化，要知道变化的因缘在"拟议"之中。"拟议"是《易经》的语言，发展到现在，"拟议"手法非常丰富了。包装、策划、炒作都在"拟议"之中。"拟议"能不能促成变化，就要看有没有落在实处。不在实处，"拟议"就是一纸空文。

第九讲　圣人之道，至公而矣

刑第三十六

　　天以春生万物，止之以秋。物之生也，既成矣，不止则过焉，故得秋以成。圣人之法天，以政养万民，肃之以刑。民之盛也，欲动情胜，利害相攻，不止则贼灭无伦焉，故得刑以治。情伪微暧，其变千状，苟非中正明达果断者，不能治也。《讼》卦曰："利见大人"，以"刚得中"也。《噬嗑》曰："利用狱"，以"动而明"也。呜呼！天下之广，主刑者，民之司命也，任用可不慎乎！

儒家的治国理念

　　大家知道儒家的治国观念，其大政方针不外乎四个字："礼乐刑政"。前面谈修身谈得很多，这里专门谈"刑"。治国离不开刑，什么是刑？社会有社会的游戏规则，大家在和谐、祥和的环境中生活，但人性一半是天使一半是野兽。人性本身有善的一面，也有恶的一面。恶的一面释放出来就会危害社会。对恶，一方面要用礼乐来教化，另一方面要用刑罚加以限制。中国对礼乐刑政的实施也是合于道的，就像人有生老病死一样。有人只喜欢生，生生不息，永远都是春天多好。生老病死，如果没有病、没有老、没有死，该多好？但永远是春天，人类会被饿死，必须要有秋天，春生夏长秋收冬藏。如果人的寿命像神仙一样无限，那地球上的人口就不是七十亿，而是七万亿了。大家都长生不老，地球早就人满为患、资源耗尽了。我们在社会上生活也是如此，处处一派祥和之气、充满阳光，可能吗？社会之所以是社会，天地之所以为天地，就是因为有善有恶，有阳有阴。

"天以春生万物，止之以秋。"我们都赞美春天，歌颂春天。春天阳光明媚，山花灿烂。但只开花不结果不行，不结果就没饭吃了，所以要"止之以秋"。秋是收获的季节。任何事物都有其发展规律，即生长、发育、结果、收藏。用人的规律来说就是生老病死，病死也就是"止之以秋"。上了年纪的人不要说老了、病了、不行了、不中用了，老了、病了也是道。大道之行体现在春夏秋冬中，也体现在生老病死中，还体现在礼乐刑政中。

孔夫子说："吾十有五而志于学，三十而立，四十而不惑，五十而知天命，六十而耳顺，七十而从心所欲，不逾矩。""不逾矩"就是知止。礼乐刑政中"刑"就是"止"。"止之以秋"，为什么要止？"物之生也，既成矣，不止则过焉，故得秋以成。"万事万物生生不已、繁衍无穷、万象峥嵘，这是美好的，但"不止则过"。

田里的稻苗、麦子长到一丈高，行不行？老长枝叶，不扬花抽穗，就是妖妄。春天万物有灵性，茂盛生长，到了秋天，过了秋分一凉，植物就结果了。结果，是以果实的形式储存它的生命以度过严寒的冬天。等待明年的春天，生命再重新焕发。动物也是这样，秋天怀孕，冬天生崽。生了以后，春天食物丰富，小动物就茁壮成长。这就是自然界动植物的天道。

"圣人之法天，以政养万民，肃之以刑。"中国儒家提倡"以政养万民"，政，是仁政。孔夫子第一次适卫，看到卫国的人真多，熙熙攘攘比鲁国还热闹，就赞叹："庶矣哉！"真了不起，人真多。他徒弟冉有就问："人丁兴旺后又该怎么样？"孔夫子说："富之。"让老百姓富裕起来嘛。那富裕起来后又该怎么样？孔夫子说："教之。"让老百姓都成为有文化、有教养的人。老百姓过日子一定要富之、教之，这是仁政。孔夫子还说："不教而杀谓之虐"，是四恶之首。对老百姓没有教化，光以刑罚对待，就是虐待自己的百姓。在太平繁荣的环境中，不对老百姓加以教化引导，就会出事。

古代的田舍翁多收了几斗米，还想着换个老婆，那么现在呢？改革开放几十年，社会富裕了，但富裕后就有人开始腐朽了。现在的官员、老板、白领、艺术家腐朽的不少，教育部门腐朽的也不少，各行各业都有不少腐朽的例子。这就是生养太过，环境太好造成的。教化已经不足以劝止腐败了，文明礼貌、"三个代表"、八荣八耻、以德治国、弘扬优秀文化，等等，一再重申，申之又申，但贪官污吏仍然"前仆后继"。逃亡到海外的贪官拐走了大量社会财富。这种情况下，"物之生也，既成矣，不止则过焉。"怎么"止"？"肃之以刑"，一定要严肃刑法。西方有句话：一手拿大棒，一手拿胡萝卜。中国也是这样，一方面是礼乐来教化，一方面是刑罚来整肃。

"民之盛也，欲动情胜，利害相攻，不止则贼灭无伦焉。"用佛教的话来说，这个世界是五浊恶世，并不是极乐世界，也不是基督教所说的天堂。基督教说人都有原罪，佛教说人有五浊。每个人生下来犯命浊，就是上辈子带来的不善的因。满脑子都是烦恼浊，贪嗔痴哪个人没有？还有众生结集浊，人与人在一起就吵架，就有是非，这是难免的。

在太平世界富裕环境中，容易"民之盛也"，就会"欲动情胜"，大家都去搞享乐，都去搞享受，欲望膨胀，理性衰退，情欲增盛。越是富裕的社会，对利益的贪婪越旺盛。"欲动情胜"成了社会的常情，这种情况下，是非麻烦少得了吗？于是就"利害相攻"。是非有了，作奸犯科有了，杀人放火有了，官司有了，一系列问题就来了。

"不止则贼灭无伦焉"，这种现象要制止。怎样制止？一方面，对产生这种现象的内因要制止，这个内因在个人的心性上，我们自己得有道德自省的能力。另外一方面，作为政府而言，必然要"得刑以治"，就是要严峻刑法。自古到今，没有哪个社会没有刑法。从三皇五帝到如今，哪个朝代没有刑法？东方、西方，哪怕是原始社会，都有处置人的规矩。如果只有温情没有严格的刑律，各人为了各人利益、各人为了各人需求，就会无所不为，整个社会就完了。

处理麻烦事的高招

"情伪微暧，其变千状。苟非中正明达果断者，不能治也。"这里就说了领导和法官。下属经常来领导这里投诉纷争，公说公有理，婆说婆有理，每个人都觉得自己有理。法院里双方还要请律师辩护，起诉书和辩护书里充满"情伪微暧"，个个都振振有词，怎么去断这个公道？我们耳朵边经常是非不断，真的假的分不清，情形暧昧不明，这是最考验人智慧的。俗话说，"清官难断家务事"，老板要断手下人的是非也很艰难，国家司法部门要断某些事也是非常艰难的。而且还"其变千状"，有的人今天认罪，明日又翻供。法官今天这样判案，明天上级法院又打回来要求复审。所以，"苟非中正明达果断者，不能治也"。

面对是非，面对官司，谁能拍板决断？究竟站在哪方的立场？庄子谈辩论就很有趣，说二人辩论，裁判若判张三胜，则他是站在张三一边，有偏袒之嫌，没资格当裁判；反之也没资格当裁判。那各打五十大板？等于没判，还是没资格当裁判。都对？更没资格做裁判。裁判公道很不容易，首先看是不是站在公正的立场，是否"中正"，是不是把前因后果线索都看清，是否"明达"，是否"果断"。一个人有没有将帅之才，就看他有没有"中正明达"的素质。有些人迷迷糊糊，有些人碍于情面，有些人偏心，有些人优柔寡断，这些都不能称为"中正明达"，就"不能治也"。

这章谈法制，法制是给领导者看的，所以落脚点在中正明达果断上。不如是，不能治好一个公司，不能治好一个州县，治天下更不可能。周敦颐做过司法官员，他对刑法及其作用可是通家里手。"《讼》卦曰：'利见大人'，以'刚得中'也。"《易经》中很多卦都提到"利见大人"。九五是大人，大人有三个特性：一居上位，二居中位，三居正位。大人必然得位、得正、得中。我年轻时师从本光法师，本光法师是方山易的传人。学习讼卦时，正好常有打官司的人求教本光法师，老师就说："利见大人。"很多人不解，他解释说找上面，找上级的上级。为什么要找上级的上级，甚至更上级？因为直接的上级与官司利害利益相连，容易被人情、朋友、亲属影响。只有上级的上级甚至更上级，隔开几层，没有人事网关联，才能事不关己，才能公正断是非、断官司。

基层民众上访，有时候就是因为当地基层政府与这官司有人情利益上的纠缠。当事人多次申诉无解，才去上访嘛。中国古代也允许上访，也允许告御状。所以，"利见大人"是我们遇见问题、处理麻烦时的高招。很多人不明白这个高招，就地打官司，反而越打越复杂。当然，现在上访的人太多，也给相关部门增添了很多麻烦。但无论怎样，"利见大人"的确是高招。

关于打官司，我老师说："利见大人，中吉终凶。"打官司见好就收，不要纠缠下去。很多打官司的人，原告、被告都两败俱伤，劳民伤财。打官司最后变成冤冤相报，一方胜了，另一方不服上诉。赢了对方也不服，又上诉，如此反复，劳神费力。烦恼越积越多，怨恨越积越深，冤家宜解不宜结呀。从心理学的角度说，打官司进入烦恼怨毒的状态中，人是要疯狂的。打到中间就收，见好就收，这样就吉利。如果这个官司非要打到底，陪你生生死死斗下去，那就是凶。讼卦用"利见大人""中吉终凶"简单几个字就把打官司的因果出路都指出来了。关键是要见人人，大人就是九五，就是中正明达果断的人。

讼卦象辞中还有一句"君子以作事谋始"。要预谋一件事，就要把因筹划好，有好的因才有好的果，基础没打好，盖不成高楼。所以要注意起因，做事要谋始，最初的策划不能马虎大意。

"《噬嗑》曰：'利用狱'，以'动而明'也。"雷电噬嗑，噬嗑卦大象辞曰："先王以明罚敕法。"噬嗑卦也讲官司。"初九，履校灭趾，无咎。"为什么"履校灭趾？""小人以小善为无益而弗为也，以小恶为无伤而弗去也。"伤了个脚趾头，没什么大麻烦，但是最后到了"上九，何校灭耳，凶。"小人虽说"以小善而无益，小恶而无伤"，但"恶积而不可掩，罪大而不可解"，罪大恶极的时候就不可活了。古代先王定法规惩戒恶人时都是明法，法律条款都是公之于众，没有暗箱操作。执法讲究公开、公平、公正，在《易经》中已在提倡这样的原则，就是"动而明也"。监狱制度、司法制度一定要公开，公开审理，公开判决。

"天下之广，主刑者，民之司命也，任用可不慎乎！"进入官司，尤其是判死刑，是很大的事。天下如此大，是非如此多，主管刑罚的官员如刑部尚书、大理寺卿，以及提刑官等都是民之司命。如果不用"中正明达果断"的人，用些小人、妖人，吃了原告吃被告的人，老百姓能有好日子过吗？对掌管司法、刑狱部门长官的任用"可不慎乎！"

民心所在与刑罚密切相关，有时候判错一个案子，情况严重的，审案的官员命都会丢掉，上面复审的州官、刑部官员也要受牵连。大家都知道清末杨乃武与小白菜的案子，多次上访后一个冤案整肃下来，牵涉其中的县、州、省甚至刑部官员都被撤职，余杭知县从重流放黑龙江，永不录用。这还是清末慈禧昏暗腐败时代的例子，都能达到这样的火候，今天更应该重视刑罚的作用。

公第三十七

> 圣人之道，至公而已矣。或曰："何谓也？"曰："天地至公而已矣。"

道德智慧的最高点就是公

前面第二十章、第二十一章谈到"公"，这里又谈"公"，为什么？因为"圣人之道，至公而已矣"。刚谈了"刑"，这里马上就转到"公"。公，公正、公平、大公无私，没有大公的胸怀和境界怎么能治理天下？没有公正、公平、无私之心怎么能用刑？圣人之所以为圣人，他不以自己的利益为利益，不以家族利益为利益，而是以天下苍生、整个社会的利益为利益。他能站在古往今来道德的最高点上，道德、智慧的最高点就是"公"。

我常想：道德从哪里来？智慧从哪里来？就从"公"里面来。公，才无我。如果我们总是打私心的小算盘，我们所见到的因果、世间相只是个很小的半径，这么小的空间内能有智慧吗？只有以天下为半径，我们的眼界胸怀才能容纳整个天下、整个社会。无穷多的因缘在心中流动，我们的智慧自然会进入这个大局中，智慧才能无限大。

政府机关里，公司中，领导最有智慧，并不是他天生就是如此，而是他所处的"局"和"位"自然而然有智慧者居之。一个公司有若干部门，各部门各自有其职能半径，管财务就是管财务，管销售就是管销售，管生产就是管生产，他们不可能把整个公司运作的局看清楚。老板是看全盘的，自然比部门经理有智慧。让老板去管部门也不行，具体部门的技能就不如部门经理熟练了。县长有县长的智慧，但要他管一个省，恐怕还是不行，得慢慢实习和过渡。孟子说"居移气"，坐在不同职位，面临的高度不同，智慧也就不一样了，所以叫水涨船高。道德也是这样，圣人不仅智慧第一，道德也是第一。当天子就要有天子的道德，就是至公。如果自私，以家代天下，以私心代天下，就离开了"公"。没有公德，还能奢谈什么。

圣人之道，道德、智慧上都要达到至公，"至公而已矣"。老天对众生是平等的，所以西方有句话"上帝面前，人人平等"，佛教也说众生平等。当然，这个众生不仅仅指人类，一切自然生命都是平等的。我常说人类不是地球的唯一法人，老虎、豹子、蟑螂、老鼠，哪怕是病毒，都是地球的合法公民，因为大道至公。不能说只要鲜花，就把毒草剿灭；牛羊可爱，就把狮子、老虎剿灭；蟑螂、老鼠可恶，就把蟑螂、老鼠剿灭。不给它们生存的权利，谁做得到？"至公而已"，要承认万事万物存在的权利。圣人至公，在圣人胸怀中任何人都有合法生存的权利，他不会偏私一方，这样的胸怀和境界了不起！

　　《通书》第二十章中说"公则溥"。周敦颐先生说的圣人之道，我们一定要纳入自己的内修、举心动念中。为人处世可以直接检验我们的公心如何，如果没有公道之心就没法干大事。真正要干大事的人，一定要有公心，否则不能服众。要有堂堂正正的公心，才能有大的气象，才能有大的作为。所以我们一定要反反复复检查自己的心胸，在具体事情上看是否有公心。我常对身边的朋友说心要公，别以感情用事，别以是非用事，别以私心用事。一定要破除自己的情绪，使自己进入平常心。保持平常心，就容易进入公心。王阳明讲致良知，要求回归于人的良知、良能，其实就是对公心的另一种表述而已。一旦我们具备公心，我们就是圣人了。圣人还会有私心吗？

孔子上第三十八

　　《春秋》，正王道，明大法也，孔子为后世王者而修也。乱臣贼子诛死者于前，所以惧生者于后也。宜乎万世无穷，王祀夫子，报德报功之无尽焉。

皇上最怕史官

《通书》是儒家的学问，是宋明理学的大纲。既然是儒家的学问，自然要赞叹本派开山祖师——孔夫子。第三十八章就是专门谈孔子，也不是全面谈，主要是集中在《春秋》这部书来谈。

"《春秋》，正王道，明大法也，孔子为后世王者而修也。"我还不完全赞同他这句话，《春秋》正王道、明大法没错，"为后世王者而修"则不够，应是为天下所有人而修。"正王道"，不是为"王者"个人而修的《春秋》，是为全民族、全社会。社会的每个公民都应该明白《春秋》所谈的道理。从历史来看，王者们对《春秋》并不太喜欢，反而是相当一批正直的士大夫喜欢用《春秋》来敲打国君：你违背先王之道啦。

在儒学和史学里，两千年来都有一个误解，好像孔夫子修《春秋》是为后世王者而修的。其实不是，孔夫子是为了整个社会以及整个社会道统、法统的建立而修的。什么是《春秋》？史官记事是编年体性质，历年的大事书于简牍，分春夏秋冬四季记录，简以《春秋》称之。其他各国史书均亡佚不存了，孔子依据鲁国史官记录为主体进行编撰，仍以《春秋》命名。

大家知道孔夫子编撰六经，《诗》《书》《易》《礼》《乐》《春秋》。《尚书》总结了从尧舜到当时的政治文献。为什么说华夏五千年文明？如果不是孔夫子整理政治文献、历史文献，如果不是孔夫子把这批文献传承下来，秦始皇焚书之后，我们的眼界可能就从秦始皇开始，之前的事就不一定知道了。以前考古出土的半坡文化、红山文化，只有些石头、陶罐，没有文字。甲骨文也是三千多年前，属商朝后期。那商朝前期、夏朝、夏朝前的尧舜，我们就不得而知了。

现在考古也没有发现商代以前属于夏代的文字，尽管有四五千年前的文物，但没有文字，西方学者就不承认夏王朝的存在。那么我们怎样认识商以前的文化，包括商、夏、尧舜的文化？这就要感谢孔夫子。

我们之所以知道这些历史，全是孔夫子的功劳。还有诗歌的编辑，《诗》三百篇孔夫子也做了整理加工。《易经》同样经过了孔子之手。当然，最重要的，政治上意义最大的是《春秋》。《春秋》是中国古代宪政的蓝本。《春秋》记录了鲁隐公元年（公元前722年）开始，下至鲁哀公十四年（公元前481年），中经鲁国12位国君，共242年国史。尽管只有鲁国两百多年的历史，但横向也记录了齐国、晋国、卫国、郑国、楚国等诸侯的大事。有人会说就是一部史书，怎么和宪法有关呢？这部史书中记载了很多历史事件，事件中主人公的各种表现，孔夫子用周礼的标准进行了裁判，就是我们熟悉的君君、臣臣、父父、子子之道。三纲五常的根本原则在《春秋》中得到了生动的展现。

当天子的要像天子，有他的责任和义务，诸侯有诸侯的责任和义务，当大夫有大夫的责任和义务。这种复杂的社会网络中有很多权力的斗争、利益的冲突。《春秋》无义战，整个春秋时代战争频繁，臣弑其君，子弑其父……相当混乱。在这混乱局面中，孔夫子编《春秋》，用他的笔对他们进行了政治审判，把当时混乱的政治状态以周礼为准则加以梳理并以独特的笔法进行点评。合于礼法的进行表彰，不合于礼法的加以批评，完全违背伦理的就加以谴责。通过孔夫子著《春秋》，天子知道了如何当天子，诸侯也知道了自己的责任和权利。后世中国人崇拜关二爷，就是因为他青灯对青史，赤面如赤心，夜读《春秋》，深明大义，恪守君臣之礼。

《春秋》到底讲了些什么？《春秋》给我们表现了宪政国家的基本要素。天子、诸侯都要遵守宪法，当大夫的也要遵守宪法，这是《春秋》了不起的地方。"《春秋》，正王道"，王道就是古代的宪法，就是宪政。并非皇上、大王说了算，当皇帝的也要恪守王道，当大臣的也要遵守王法。"明大法也，孔子为后世王者而修也。"不仅仅是王者，后代一切从政的，从上到下的官员都得学规矩、守规矩。

《春秋》中"乱臣贼子诛死者于前，所以惧生者于后也"。孔夫子作《春秋》是很严的，只要有臣弑其君、子弑其父、诸侯之间无理取闹的，他都会用很严厉的语言毫不客气地记录下来。当然，为尊者讳，为长者讳，用的都是隐语，暗喻褒贬之意。尽管隐藏褒贬，但明白人谁看不懂呢？

中国皇上怕谁？怕史官。文天祥《正气歌》说："在齐太史简，在晋董狐笔。""齐太史简"见于《左传·襄公二十五年》，说的是齐国的大臣崔杼弑其君齐庄公，齐人史乃秉笔直书："崔杼弑其君。"崔杼杀了他，太史的弟弟接替哥哥还是这样写，崔杼又杀了他。另一个弟弟再接替做了太史，仍然坚持这样写，崔杼不敢再杀，放过了他。南史氏听说太史被杀，手捧写着同样一句话的竹简奋勇前往，半道上得到消息：太史的弟弟已做了如实记录，这才返回。

"董狐笔"记载于《左传·宣公二年》。晋灵公是个昏君，而晋国正卿赵盾是个正直的大臣，经常谏劝晋灵公。晋灵公嫌赵盾碍手碍脚，派刺客去暗杀赵盾，赵盾只得出走。不过在他尚未逃出国境时，赵盾的族人赵穿起兵杀了晋灵公，赵盾便返回了国都。晋太史董狐便在史书上写道："赵盾弑其君"，并且"示之于朝"。赵盾对董狐说："我并未弑君。"董狐说："你是正卿，逃亡没有出境。国君被杀了，你回来后又并未法办弑君的人，当然就等于是你弑君了。"赵盾毫无办法，只好叹口气，听任董狐写自己弑君了。后来孔子称董狐为"良史"，同时孔子也认为赵盾不干涉史官秉笔直书的权利，也是"良大夫"。

刘邦怕不怕史官？怕！唐太宗也怕，宋太祖也怕，宋高宗也怕。当然，到了明清两代就不允许史官秉笔直书了。宋以前的史官都有独立的使命，就是要秉笔直书。即使君王怎么睡觉，跟妃子们怎么玩的，都敢记下来，想乱来就要被记下来。所谓脏唐臭汉，就是汉、唐宫闱里有很多见不得人的事。为什么现在大家还知道？就是因为史官敢写。最荒唐的是宋度宗，刚即位时二十岁，只知玩乐。蒙古人都快打到临安了，他也不管。南宋宫中旧例，如果宫妃在夜里奉召陪皇帝睡觉，次日早晨要到"合门"感谢皇帝的宠幸之恩，主管的太监就会详细记录下受幸日期。有一天到合门前谢恩的宫女居然有37位，由此可见宋度宗何其生猛、荒淫。明清两朝就没史官敢直书了。

曹操生前一直不肯称帝，要把这事留给他儿子。到了汉献帝末期，曹操六十来岁，天下大半平定，汉朝老臣基本都过世了。中坚干部都是曹操提拔起来的，自己还封了魏王加九锡。有人说魏王你可以当天子了，汉家天下早就是你的了。他却说我不敢，如果天命真的在我曹家，我愿为周文王。他都不敢篡位，还是想做忠臣，为什么呢？还是怕史官非议。

唐太宗不是怕魏徵，是怕史官。宋太祖发脾气，一见有史官在，就立刻收敛。后世君王正是由于有了《春秋》这部经，才有所检点。若非《春秋》这部经，臣弑其君，子弑其父的会更多，中国历史就更没规矩了，不知要乱到什么程度。正是有了《春秋》，汉朝四百多年，唐朝近三百年，宋朝三百多年，明朝近三百年，清朝近三百年，政治格局才基本稳定。而中国大乱局的时代，三国、魏晋南北朝、五代十国都是无君无父，《春秋》坠地，整个社会才进入大混乱、大残破的时代。

"宜乎万世无穷，王祀夫子，报德报功之无尽焉。"孔夫子的地位的确是万世师表，中华民族的圣人、文化的圣人、政治的圣人、教育的圣人。历代很多皇帝都亲自或者派大臣去曲阜祭祀孔子，确实是"报德报功之无尽焉"。作为中国儒家学说的信奉者，同样要"报德报功之无尽焉"，要怀念孔夫子，我提倡大家看《论语》。看《论语》要结合司马迁《史记》的《孔子世家》和《仲尼弟子列传》，这样历史脉络清楚点。

《论语》是散句，是孔夫子与弟子们交谈的语录。这些语录，我们看后可以从中感受到孔夫子的人格，感受到孔夫子的魅力，他的气质，他的理想。在现实生活中，我们也要同声相应，同气相求，找到可以和自己产生共鸣的人。我一直记得"乂革"时，我读《论语》《孔子世家》和《仲尼弟子列传》。我一辈子几乎没掉过眼泪，唯一一次掉眼泪就是当时看《孔子世家》。"孔子病，子贡请见。孔子方负杖逍遥于门，曰：'赐，汝来何其晚也？'孔子因叹，歌曰：'太山坏乎！梁柱摧乎！哲人萎乎！'因以涕下。"我真是能深深感应其心境而落泪。

孔子下第三十九

道德高厚，教化无穷，实与天地参而四时同，其惟孔子乎！

孔夫子就像老禅师

《通书》中周敦颐先生用了上下两章来赞叹孔子。前面说孔夫子的功劳，对中华民族文化上的贡献，中华文化的道统、法统都离不开孔夫子。第三十九章就是纯赞叹："道德高厚，教化无穷。"说孔夫子道德高厚，就要细读《论语》，还原到春秋后期天下的局面。那时候礼崩乐坏，孔夫子为了纠正各路诸侯的错误思想，救苍生于水火中，凭他个人的信念、道德和知识奔走多年。

春秋战国是由封建制向郡县制转换的时期，钱穆先生谈政治制度时指出中国两千多年来是什么呢？首先，对"封建"两个字要正名。近代说推翻了清政府是结束了两千多年的封建时代，其实是不正确的。因为中国自秦始皇以来的两千多年不是封建社会。真正的封建是秦以前，从周武王分封诸侯开始封土建侯，那才叫封建。周天子把他的子孙、亲戚、功臣分封到某些地方去当诸侯，分封诸侯建立邦国，由贵族世袭传承的才叫封建。到了秦始皇统一六国，皇帝是世袭的，始皇帝，一世二世以至于万世，但政府不是世袭的了，今天张三做宰相，明天王五做宰相。

州郡县官都是流官。清代从雍正开始，对西南少数民族部分地区有个重要改革"改土归流"，改土司为流官。在这些地区，以前当政的土司、头人都是世袭的，自雍正开始改为流官。由中央政府指派官员进行管理，流官四年一任，铁打的衙门，流水的官吏。中国从秦始皇以后，除了宫廷皇帝是世袭的，整个中央政府、地方政府都是流官，是郡县制。

那到底是什么人在专政呢？那时中国没有资产阶级，农民阶级也掌握不了政权，贵族也成不了气候，又不是政教合一，和尚们也不能当官。谁当官？是读书人、士大夫当官，实际上是孔夫子的徒子徒孙当官，厉害点的皇帝再玩点法家的驾驭之术，实际上是法家配合儒家专政。孔夫子的儒家学问通过各级考核成为官员们必备的知识结构。汉代举孝廉、举贤良。如果士人很孝顺、基层官员很廉洁，就可以选拔到中央太学去学习，经考核后安排更重要的官职。如果士人贤，很有主意，有办法；良，很有执行力，也会被培养提拔。德和才要兼备，这就打破了贵族垄断制，所有官员都来自五湖四海。平民百姓每个人都有参政的机会，就看你有没有能耐，有没有德行。这是孔夫子办私学种下的善因。

孔夫子以前是学在官，都是贵族学校。鲁国的公室子弟就进鲁国的公室子弟专门学校，如果是楚国王室子弟就进楚国的王室子弟学校，周王室也有自己的子弟学校。孔夫子时代，礼崩乐坏，整个贵族教育系统崩溃，孔子在这种情况下搞私人办学，把官学变成了私学。所谓"弟子三千，贤人七十二"，而后一代一代相传下去。

到了魏晋南北朝是九品中正制，到了隋唐宋元明清就是科举考试。科举考试是面向全国士子的官员选拔考试，士人只要读四书五经，有处理国家大事的主张，通过考试就可以到政府当官。这的确是孔夫子奠定的基础。如果孔夫子不培养一大群优秀的学生把这套学问、这套规矩传下去，那中国两千年的历史就要改写。

另外，就孔夫子而言，的确是"道德高厚"，非常感人。如果把孔夫子的言行读懂了、读进去了，肯定会深受感动。中国历史上我认为能感动人的有两位：一位是孔夫子，一位是庄子。那是文化上的感动、灵魂上的感动。《论语》记录了孔夫子的言行举止、行住坐卧，对国君、对学生、对不相干的人、对君子、对小人、对劳动人民的影响，从中的确可以看到他的"道德高厚"。

我们读《论语》，观孔夫子言行，他就像老禅师一般，那种温良恭俭让，那种圆融，使人如沐春风。他是非常敦厚的，简直是个老好人。上课时侃侃而谈，下课后却很木讷，不善言辞。但又机辨敏捷，不论多复杂的局面，在他眼中都清清楚楚，没有疑难问题。如从历史角度看《论语》，更是"道德高厚，教化无穷"，这是不言而喻的。

中国两千年来，知识分子都得看孔夫子的文章，尤其是当官为政的，不读孔夫子就不会说话，就会手足无措。以前政府部门中专门搞法律的有刑名师爷，搞财务的有钱粮师爷。官员们读的就是四书五经，为政原则就是用四书五经的原则来处理国家大事。国家和社会有个共同的价值观念、是非观念，这个观念就是孔夫子的教化。

首先是对皇上的教化，其次是对官员的教化，在这个前提下才谈得上对民众的教化。可见孔夫子的功德真是可以与天地相媲美，有春夏秋冬四季般孕育的功劳。只有春天不能孕育万物，只有秋天也不能孕育万物，只有春夏秋冬四时循环才能孕育万物，孔夫子的言行也是如此。

蒙艮第四十

"童蒙求我"，我正果行，如筮焉。筮，叩神也。再三则渎矣，渎则不告也。"山下出泉"，静而清也。汩则乱，乱不决也。慎哉！其惟"时中"乎！"艮其背"，背非见也。静则止，止非为也，为不止矣。其道也深乎！

国学教育要善巧方便

这章讲了两个卦，一个蒙卦，一个艮卦。蒙艮二卦是《易经》中非常重要的卦，《通书》为什么要用蒙卦、艮卦来结尾呢？《易经》首乾坤而终于既济、未济，这是从大宇宙运化来谈的，我们管不了那么多。有天地后，通过屯卦、蒙卦才生发了我们人类社会。人类社会的展开到一定阶段就要知止。现在人类社会面临着生态危机，社会发展终极目标到底会怎样？如果人类社会发展不知止，就会把这个地球毁了。

蒙卦，同样也是一种精神状态。大家都需要启蒙，不是只有小孩子要启蒙。买了台新车不会开，要去驾校学。想学外语，哪怕七八十岁了，都要启蒙。各行各业，只要愿意专注又没接触过的，想要学都需要启蒙。

"蒙"，就是我们的未知地带。人永远处于十字路口上，我们都在现在这个时间段上生活思考。前面是未来，背后是过去；前面是未知，后面是已知；前面是未拥有，后面是曾经拥有。面对未来和未知，我们永远都处于"蒙"的状态。要扩大自己的知识领域，扩大自己的精神半径，就要突破"蒙"。

蒙艮两卦都是从教育学角度来谈的。现在有不少搞童蒙养正的朋友，"蒙以养正，圣功也。""童蒙求我，我正果行，如箓焉。"这就是谈身教。小孩子们每天会问，老师今天上什么课？老师，这个事怎么办？那老师怎么做？"我正果行。"身教胜于言教，要当一个优秀的老师，自己立身要正，行为要正。另外，"果"，是果断、当下的意思，行为上一定要认真地当好老师。

小孩子总把自己的父母当成神一样，也把老师当成神一样。小孩子敬仰父母，小学生敬仰老师。我想起藏传佛教不像汉传佛教是三皈依（皈依佛、皈依法、皈依僧），藏传佛教是四皈依，还要皈依上师，上师就代表了三宝。对上师必须言听计从，而且要身、语、意三业供养。不仅身供养、语供养，意也要供养，这个好处在于要心心相印，不要去疑。"祡，叩神也"，当神一样礼拜。

"再三则渎矣，渎则不告也。"打卦也是这样，每当有大事，要沐浴、斋戒，向老天爷认认真真祷告，然后打一个卦，这个卦很准。不能说今天打一个卦，这个卦不好，再打一个卦，打到自己满意的卦为止，这就不行了。

这个问题很严肃。对老师也是这样，不能三心二意。三心二意就是"再三则渎矣"。今天见了张老师，就在张老师这里听一听，亲近亲近；明天见了李老师，在李老师那里亲近亲近。今天张老师说得我心里高兴，我亲近；明天说得不爽，我不亲近。疑神疑鬼，三心二意，不能举一反三、融会贯通，老是重复简单地问问题，这些都属于"再三则渎矣"，就亵渎老师了。师道不尊，这是个原因，学人没有这种尊师重道之心，也是问题所在。

钱穆先生在《八十忆双亲师友杂记》中对他的老师非常怀念敬重。其中有位小学体育老师刘伯能很了不起。这位老师是这样称"立正"的："须白刃交于前，泰山崩于后，亦凛然不动，始得为立正。"遇烈日、强风或阵雨，则说："汝辈非糖人，何怕日；非纸人，何怕风；非泥人，何怕雨。怕这怕那，何时能立！"一个小学的立正就把古代君子豪杰的气象灌输到了小孩子身上。

我们教育工作者应考虑的是：怎样把古代圣贤大智、大勇的人格魅力，通过日常生活的细小事例，融入到孩子们的品德熏陶当中，使之耳濡目染，不知不觉地沁润圣贤之道。国学教育要善巧方便，要妙在其中，在潜移默化中把小朋友塑造成优秀人物，不仅仅是天天背诗，背《大学》《中庸》。古代圣贤的教育方法是活的，要使小孩子身心健康，使小孩子智慧有迸发的感受。

"渎则不告也"，师道要尊严，正是因为"不告"才使学生有警觉心。老师不料理我，肯定是我有过错，我有不到之处。要纠正自己、校正自己，使自己更新一番气象，才能到老师那里请教。那时候是"礼闻来学，不闻往教"，老师端坐家中不出门，学生们到老师家中来请教，毕恭毕敬，这样的效果就不一样。如果大家嘻嘻哈哈、漫不经心、言不及义，谈的和学问无关，与道无关，尽是花边新闻、小道消息，在老师面前谈这些有什么用呢？师友们在一起就在道上谈、在道上行，谈学问、谈修行，这才有师友相聚的意义。师友相聚是崇高的事、神圣的事，要看到这里的严肃性。"我正果行"，作为老师而言，他一定要"正"。正气、正见、正语、正行等不出来，就无以服人。

"山下出泉，静而清也。"我们都喜欢山泉水，特别是广东人。白云山北坡有一点点山泉水，还是很浑浊的，但是每天很多阿婆、阿公拿着大大小小的矿泉水瓶，排班站队几个小时接几瓶水回去，只是心里感觉比自来水好，比纯净水好。这就是山泉水的魅力，哪怕现在有些地方环境遭到了破坏，山不青水不静了。当然，如果去生态没破坏的大山，那里的山泉水还是静而清的。

杜甫《佳人》说："在山泉水清，出山泉水浊。"小孩子的心如刚出山的泉水，非常清，非常静。小孩子未受到社会污染，他就是一潭清泉。小孩子学什么都成，学什么都快，他的优势就在于"静而清"。就像新装的电脑，工作起来速度非常快，没有过多的负载，没有病毒妨碍。

"汩则乱，乱不决也。"如果我们的心思受到污染、受到动摇，就乱了。求学一定要使我们的思想如山下泉水那样静而清。我以前在本光法师那里求学，有人坐在那里目光左右扫射、心神不定。本光法师马上把他赶走："出去！心里乱哄哄、热爆爆的，听什么？讲了也是浪费我的精神，出去！"要来听课，必须是清清静静，放下一切，只带一个空心来。空腹而来，满腹而归嘛。如果泉水是浑的，心境是乱的，受到各种事情激荡，打妄想，怎会有学习效果？所以"汩则乱，乱不决也。慎哉！其惟'时中'乎！"

"时中"就是现在，任何时候我们都处于现在。在现在这个时刻，我们一定要使自己的心静。我常说人要有静气、有定力，别使自己处于有情绪的状态，一有情绪就犯愚痴了。不能疑神疑鬼，一起疑心就如《通书》第二十一章所讲："明不至，则疑生。"一定要让自己有静气、有定力。在宁静时才能听得进去、听得明白。如果我们交流时，你心里在抗拒，有先入为主的东西，就听不进去。先老老实实听了再说嘛，听完了再以你的高见去鉴别一下，我讲的这样那样对不对。要虚心地听我讲完，听完后用什么判断那是以后的事，在场就必须虚心地听。

"汩则乱，乱不决也。""不决"，一个是对知识的受用有了障碍，以后对这方面的判断也产生了障碍，所以，"慎哉！"我们在课堂，或者思考、读书时都要做到如"'山下出泉'，静而清也"，这是最好的学习状态，也是最好的思考状态。

成年人在江湖上摸爬滚打几十年，知识很丰富了，经验很老到了，但是外面世界的信息日新月异，如何把控未来，如何面对未来的挑战？还是应该使自己的心静而清。怎样做到静而清？如何梳理我们几十年工作、生活、学习、斗争中沉淀的知识结构，使之更加优秀、更加圆满、更上一层楼？就要仔细参悟艮卦。

妙不可言的艮卦

艮卦很神秘又妙不可言，这几年来我反复谈艮卦，艮卦讲的是终点。蒙卦是起因，艮是结束而又未必是结束。艮卦卦辞说："艮其背，不获其身；行其庭，不见其人，无咎。"很多人不理解"艮其背，不获其身"。"艮其背"是讲"知止"，背，指后背。打坐时，眼观鼻，鼻观心，竖正脊梁，把心放正。放正，就是止的状态。我们打坐也好，正襟危坐也好，都是止。走路时左肩右肩都高低不平，背也不能安静。

"背非见也"，就是不能释放我们的眼耳鼻舌身意。要处于安定状态，只有静才能止。读过《大学》的都知道："大学之道，在明明德，在亲民，在止于至善。知止而后有定，定而后能静，静而后能安，安而后能虑，虑而后能得。"一方面我们讲修齐治平，"古之欲明明德于天下者，先治其国。欲治其国者，先齐其家。欲齐其家者，先修其身。欲修其身者，先正其心。欲正其心者，先诚其意。"这就谈到正心诚意，正心诚意是治国、平天下的平台。没有正心、诚意的功夫，要想治国平天下，那是天方夜谭，只能把国家搞乱。这一百多年来，历史经验教训很多。当政的人、干事的人没有正心、诚意的基本功，用杜甫《戏为六绝句》的话是："尔曹身与名俱灭，不废江河万古流。"正心诚意就是蒙，就是达到了"静而清"的状态。

禅有三重含义，第一是静虑，第二是思维修，第三是定。静虑，我们很浮躁、忙乱，需要安静下来，我们思维杂质很多，需要过滤掉。这是禅的第一重含义，也是正心的过程。第二，思维修，我们的思维未必很优秀，未必很高明。我们的思维程序往往是经验主义，科学的、逻辑的、理性的在我们的知识体系里受到很大限制。把我们的思维、理性优化，就需要正心。所以正心、诚意与佛教的静虑、思维修丝丝入扣，融为一体。但禅还有第三重含义：定。玄奘大师解释为"心一境性"。就是我们的主观精神与关注的对象一而不二，而且要持续下去。定，是智慧的固化。我们的智慧经常是在散乱之中，有时候很有智慧，有时候很蠢。得定，就是知止。很多研究《易经》的人还没有把这个环节打通。

我们的生活要面对无穷无尽的世界，如何知止？《易经》说"君子以思不出其位"。位，就是自己的因缘的凝结点，必须在自己的"位"上去思考。君子"以思不出其位"，是我们各行各业得吉祥、太平的护身符。在监狱中不乱说乱动、守监规，也是太平吉祥的。就怕不守位，上蹿下跳，那对不住，麻烦、灾祸就来了。

我们各就各位，你在什么岗位上就把自己的本职工作干好。用以前的话说就是甘当砖头和螺丝钉，这就是知止。"位"，是一个人在时间截面上人事关系中的纽结点。这个位，用佛教业感缘起的话来说是业力造就的，用庄子的话叫"知其无可奈何而安之若命"。有的人富贵，有的人贫贱，有的人在顺境中，有的人在逆境中，往往身不由己，做不了主。就像一碗饭吃到肚子里，怎么被消化、转换，怎样营养我的五脏六腑、眼耳鼻舌，自己是没办法介入的。生命有生命自身的运行规律，命运也有命运自身的运行规律。

"位"也有流动相，但在某一时刻，是人事关系中的纽结点。在这个位上得知位、守位，县长的脑袋不能去考虑省委书记的事，省委书记也不能去思考乡长们的工作，这样会乱。"知位"，就是知止。

有个市长想把他市里的一片土地打造成 5A 级风景区，把规划图给我看。我问他，你这里比九寨沟怎么样？他说不如九寨。我问他，能跟峨眉山相比吗？他说不能跟峨嵋比。我又问他能不能跟都江堰比，他说也不能比。我说好，这就叫知止，要知道自己的局限。很多人在工作上不知道自己的局限，成了工作狂，不知自己精力有限，不守子时，弄得一身病。

庄子对知止有非常妙的感觉："吾生也有涯，而知也无涯，以有涯随无涯，殆已！"我们应该知止，不能超越自己的能力半径。还有"知天之所为，知人之所为者，至矣"。老天爷管什么，我们人管什么。《达生》篇说："达生之情者，不务生之所无以为。达命之情者，不务知之所无奈何。"现在讲养生、讲养命，我们生命有其存在规律、适应范围。如果打乱了生命形态，打乱了生命运行规律，就会生病乃至丢命。不守子时，乱吃海喝都是不尊重自己的生命。很多病是吃出来的，明明几块钱可以吃饱，要花几千、几万块钱去吃，怎么会不把身体撑坏？人一天只有工作八小时的能力，没日没夜地干，能坚持多久？人首先要养生，养生首先要知道生命的局限，知道能力的局限。

"达命之情者，不务知之所无奈何。"这个命是指命运，千万别认为自己非常聪明、很能干，就是要干别人干不了的事，非要做什么大业绩。"命之所无奈何"是指超出了你的能耐半径、智慧半径的事。庄子说："夫知有所待而后当，其所待者特未定也。"我们的智慧、我们的知识都是"有所待"，有缘起，在一定环境中才能被认识、确定的。但确定的因素在哪里呢？不知道。明天有什么因缘不知道，一分钟后我想说什么我都不知道，更不要说一年后、十年后。

自己心里的东西都不能做主，社会上的无穷因缘又有什么是自己可以掌控的？如果我们认识不到思维的局限性，老是异想天开、打妄想，会给自己带来很大的麻烦。所以艮卦的"知止"和蒙卦丝丝入扣。蒙，是精神的发动；艮是精神的休止符号。

"静则止，止非为也"，"止"是为了安静，止于何处？止于当止之处，止于自己的位置上。并不是要我们眼观鼻、鼻观心，修禅入定，当然可以引申出这个道理。周敦颐写《通书》前佛法也很精进，也在修习禅宗。佛印禅师跟周敦颐说不用看那么多佛经，一个艮卦强过读《华严经》。佛教中人对此很有意见，一整部《易经》都无法跟佛法相比，艮卦就要超过《华严经》？

人每天都在打妄想，一天辛苦劳累，心里从来不得修整，学艮卦，知止，就是要让我们的心静下来。要使我们归定得静，降服其心。何谓降服其心？就是知止。艮卦就是让我们不要胡思乱想，去掉妄想。去掉妄想就是静，静则止，止则静。这话怎样说都是对的。既然要止，就要老老实实守静。我常说把不必要的因缘减掉，把思维中不必要的内容减掉。一天就二十四小时，那么多莫名其妙的事在心里来来去去，累不累？把不必要的事减掉，把心里不必要的内容减掉，剩下的精神、时间用在当为的事情上，不要在分外之事上折腾。

蒙卦是山下有水；艮卦，是一重山又一重山。高山知止和高山出泉完全不一样。我们一定要在知止的前提下，修正我们的思维习惯。就像艮卦所说"艮其背，不获其身；行其庭，不见其人，无咎。"为什么"'艮其背'，背非见也"？我们眼睛都是向前的，不能向后看，有所见有所不见。用庄子的话说："昭昭生于冥冥"已知生于未知。我们要养未知，在冥冥中得养，才能为精神、为知识留下足够的发展空间。"艮其背"，就是要让我们的精神得以修整，让我们敢于止步。

很多老板这里投资那里投资，就是不给自己的心灵投资，每日疲于应酬，弄得自己一身是病。现在有多少老板得抑郁症甚至跳楼，多少官员被"双规"？这些都是因为没有料理好自己的心。什么是"艮其背"？躺在床上，不劳累了，就"艮其背"了。坐在蒲团上打坐，也是"艮其背"。

"行其庭，不见其人"，怎么理解？都躺下了，都打坐了，还见什么人呢？在这样的前提下，才能使自己得到休整。"静则止，止非为也。"艮，就是静像，静中进入无为。"止非为也"，停止了，就别去有为。一去有为，就不能停止下来，容易陷入劳累中、烦恼中。"为不止"有两层含义：（一）有为就不能归止，就不能刹车停下来修整。（二）如果真的达到无为的境界后，也可以无为而无不为。

艮卦象辞说："艮止也。时止则止，时行则行；动静不失其时，其道光明。""文化大革命"结束后，还要拿着红宝书去造反的，那就只能去监狱或者精神病院。因为时代结束了，形势变化了。我常说要看局、势、时、机、位。我们在什么样的局中，知局就叫知止，知位就是知止。这个可以推而广之，每个人都可以联系自己的局、势、时、机、位来看。比如，广东省经济文化发展这是个大局，里面的领导有他的位。其中又有机，"动而未形、有无之间者，几也"。"几"通"机"，这个机怎么发展，是顺还是逆，周围因缘如何，还要看势。在因缘中观其势，这一切是如此的浑然一体。

"为不止矣"，如果我们要蹦蹦跳跳去攀缘、去打妄想，去干这事那事，"为"就不是"止"的概念了。知止是修为的基本功，一定要使心安静下来。前面讲蒙卦"'山下出泉'，静而清也"，"止"就是要我们为学、修行回到"静而清"的状态来。"为"，就会不止，心就乱了。

当然，还可以从"为不止矣"的角度来说，无为而无不为，顺其自然，勉强去止也会心乱。也可以理解为，如果我们通过修行达到"止"的境界，我们就可以大有作为。所以，"其道也深乎！"

我们讲蒙卦、艮卦，就要看《诚上第一》《诚下第二》《诚几德第三》，它们是缘起互包互裹的。就像我们学习《通书》，你想清而静，首先要跟师友联系在一起。"天地间，至尊者道，至贵者德而已矣。至难得者人。""人生而蒙，长无师友则愚。是道义由师友有之，而得贵且尊。其义不亦重乎！其聚不亦乐乎！"这些内容是一体的。《通书》四十章，每一章都如种子一般可以成为一棵大树，但四十章的内容、精神、理念都是融为一体的。

蒙，肯定有师道，没有师道，无法启蒙。传道授业也得知止，不能说把全世界的学问都教给你，得有重点、有定位。现在企业要定位，人生也要定位，五年之内怎么做，一年之内怎么做，长期目标、短期目标，都叫知止。从蒙到艮有因果关系，又有新的内容衍生。大家学习《通书》，学到后面就要结合着前面的内容看，复习前面的要结合后面的一起看。七上八下，多几个来回，我相信就能对《通书》有融会贯通的感觉。

我学《通书》是二十岁的时候，当时刚下乡找到一本曾国藩《经史百家杂钞》。一看《通书》就很欢喜，当时就能背。如今，《通书》在我心中已经流淌了四十多年，纵观《四库全书》也没几本讲《通书》的，只有朱熹做过点评，几句带过。王阳明有个学生对《通书》做了一些眉批，也非常少。

其实《通书》四十章非常精炼，如果要读四书五经、要学宋明理学，没有那么多精力把握得住。程朱的书就有十几大本，各个学派流传的书籍就更多了。黄宗羲先生所编《宋元学案》《明儒学案》，一百多卷，就像《五灯会元》一样，广采宋元明代诸儒文集、语录，根据各家宗旨分宗立派，模仿禅宗传灯的形式整理出丰富的学案。这些书专业学者看着都头疼，更不要说普通读者。这些书把理学家分若干派，而且派中有派，宗上分宗，还有陆王心学。但这些庞大的精神内容都可以收摄在《通书》的四十章里，纲举目张，就可以简明扼要把握九百多年儒学汪洋大海般的传承。真的是非常好，非常妙，所以我们要安住在这四十章内容里。如果有雅兴把它背下来，反复学、反复揣摩，好好地品味、领悟、消化、吸收，使之与我们融为一体，对我们身心性命有莫大的好处。

附录1

听课感受

甲：首先感谢冯老师给我们带来高深精妙的国学课程。冯老师高风亮节，从不讲究报酬。我以前请党校老师讲课，都是问我多少钱一堂课，先谈妥价钱。冯老师不提这些事，是无偿奉献，我很感动。这就是国学，传统文化的身体力行。

我结合工作从两个方面理解冯老师所讲《通书》：一、公的理念，公和私的关系。第二十章《圣学》、第二十一章《公明》、第三十七章《公》都讲到"公"，冯老师演绎得很清楚。公，半径很大，眼光远，胸怀广，是大智慧。以前我们的理解是把党和人民的利益放在第一位，正确处理好国家、集体和个人关系就是公。公的对立面就是私。私的半径很小，小空间，小聪明。凡私心杂念多的人都是非多，专门怀疑一切，揭穿别人。现在学雷锋的人不多了，都是人不为己，天诛地灭。但我想，谁都有私，看怎么管。就是要把人民群众利益放在第一位。谁是公？我觉得冯老师就是公，不计报酬，为大家讲课，传授国学。只是为了弘扬国学，为了中华民族的文明进步。这是最大的公。

二、关于度。以前读马列主义哲学时，有质、量、度，大家都学过。《通书》里第六章《道》、第二十六章《过》、第三十六章《刑》、第四十章《蒙艮》都说到度的问题。刑是针对度来讲的，越过度，就会出错。为什么有些官员会被"双规"、抑郁、跳楼？就是过了度。所以度才是高明，是大智慧。一个人进步否、有为否、境界高否，就看他度掌握得怎么样。这是我的个人之见，还请老师评定。

乙：《通书》有九百多年的历史了，对中国社会产生过很大的影响。宋明理学以《通书》为根，延伸到很多中国人的思想中。老师讲《通书》，对我是很大的启蒙。每个人，尤其是我，思想烦闷不安，要找到思想的根基，将其理顺，使之通畅，非常难。

我领悟最深的就是《诚上第一》和《诚下第二》。诚，说起来很容易达到，但做起来简直难于上青天。司马光有个弟子叫刘安世，他跟随司马光五年，从司马光身上学到一个字："诚"。后自己又用七年时间修了三个字："不妄语"。他感觉非常难。我看到过来听老师讲课的学友都有至诚之心，专注听课就是"诚"的表现。

生活中，夫妻之间为什么有矛盾？有些就是因为不诚。如果夫妇之间很真诚，意见很坦诚，我相信会减少很多矛盾。工作上，一个单位，一个团队中，同事跟领导，上级跟下级也需要沟通，这个沟通也是建立在至诚基础上。如果你一心一意，至诚无私，进入公的状态，就不会有障碍，很多问题就能应声解决。

我是一名医生，医生面对病人时，有无至诚的状态很重要。要一心不乱，病人来了，你是专注到他的病痛上，还是专注到赚多少钱上？有专注钱的二心，肯定做不好医生。专注到病痛，再难的病也会想出办法治，这就是"诚"的功夫。

我对诚的感悟非常深。包括兄弟姊妹之间，家家都有一本难念的经，要齐家，就要修身，修身就要至诚。对兄弟姊妹有公心，对父母有诚的孝心，就不会挑他们的毛病，这样很多问题就容易解决。

另外，神和机我也有感悟。神，在神上怎样把握？怎样在生活的点滴中把握机？老师说人生时时刻刻处于十字路口，我们面对这个十字路口时怎样抉择前进的方向，就得识机；要把握好机，就得有神的力量来主导。怎样能把持神？还得回到根本，在诚上下功夫。用心专注的时候，做出的选择是不会错的。

最后《通书》中还讲了思，我们怎样优化我们的思维？我想法很多，学习《通书》后，我感觉自己思维条理化了，不像原来那么混乱。

《通书》里还提到势，我们做任何事都离不开势。势是怎么来的？周敦颐先生提到实胜，若名实不符，最后必然出现不诚状态。所以我认为整个《通书》四十章都是围绕一个"诚"来讲。当我们达到至诚境界，很多问题都可以解决、可以通达。包括公和明，公，我们怎样才有公心？首先得过自己这一关，没有假，没有虚，这样才慢慢归于公，才与大道相通。

老师还提到蒙和艮卦。蒙，是人要不断进取，探寻未知领域；另一个是艮卦，要我们知止。我想法很多，性子也很倔。听了老师讲艮卦，对自己有很大的启迪。要知止，首先要做到专注，再知位守位，在本行业理论实践中一定要专注，不要分心。另外山是高高耸立的，能藏纳、包容一切东西，从岩石、小草、树木到矿产，这在"止"上体现得很明显。

从医学角度说，很多人身体出问题，也是知止没把握好。好吃的东西拼命吃，好玩的东西拼命玩，玩到没有止境时，身体就糟蹋坏了。糟蹋坏了还不知道，还在忙这忙那，不知修整。所以很多无奈、很多矛盾都是从不知止和不诚来的。这是我受益最大的两点。

丙：以前的我，对国学的了解只是些许只言片语。我毕业后是在外企和海外工作，没想到在不惑之年能走进博大精深的国学课堂。比起书院很多同学，我感觉自己起步晚，觉悟晚，但我从未为此担心、沮丧，只要开始了就不怕晚。我已经开始了！

我们每个人都是在各种因缘结合的那个点上，是非常难得的因缘把我们聚在了一起。佛家讲是前世的因缘，今生的因缘是因为冯老师在我们身边，我们要惜缘。在《通书》的学习过程中，我体会到要知止，我们止在哪里？如果我们的心还像浮萍一样，今天想开创一番事业，明天想交一个朋友，后天想学点知识，掌握点技能，可能我们后面的几十年也会像前面的几十年一样，虚度光阴，一事无成。我最大的心愿就是把这个课一直听下去。待在老师身边，希望能每天进步一点点。老师已经给我们做了榜样，四十年的积累，不鸣则已，一鸣惊人。我相信再过二十年，我们当中会出冯老师一样大师级的人物，学问、思想、道德能够成为后世之师。我们拭目以待，大家共勉。

丁：老师讲《通书》四十章就是贯穿着一种精神，我觉得听老师的课也是贯穿着一种精神。仿佛老师于中有一把解剖刀，对每部经典都是用这把刀来剖析。那么我们通过学习，得到什么刀呢？我觉得《通书》里面也有一把刀，这把刀和老师的那把刀不一样，有不同的感觉。《通书》的前三章都是说诚，诚的感觉是一个优秀思维平台，我感觉《通书》的思维平台是搭建在人类社会的基础上，它说因为有了天地，所以有了诚，圣人也是诚，所以我们众人也要学习诚。但是我更喜欢老子的说法。老子说："天之道，其犹张弓。""天地之间，其犹橐籥。"老子说的天之道跟周敦颐讲的天之道不太相像，我反而觉得老子说的天之道跟我更契合一些，有一种超越人类、人性的角度掌握天之道的感觉。而《通书》是用人之道来掌握天之道。还有，老子说："天地不仁，以万物为刍狗。"当你把万物视为刍狗的时候，还谈什么诚呢？当然，后面说诚是无妄的意思。无妄，我赞同，我觉得说得非常好。像佛菩萨所说，我们要无妄，色即是空。这点很通透，我对这点还比较赞成。

《通书》对部分卦做了解释，在人类社会的应用上，的确是非常好、非常独特的精神平台，可以让我们在这个精神平台上取得我们想要的成功和成就。但在天之道来说，我更认同老子说的。

戊：老师大部分课我都听了，包括这次讲《通书》。老师讲的东西在我心里已经化成一团了，不是一字一句，不是某一部著作，使我改变非常大。我以前刚接触老师时偏小乘，非常偏空，知见上有点顽固，跟了老师一两年才很痛苦地扭转过来。最近一年多来，才开始觉着得用，把色与空的关系、出世入世的关系慢慢在人世中磨，在家庭中磨，在自己是与非、善与恶的心田中磨来磨去，感觉到才能断开。我要特别感谢老师，让我少走了很多弯路。孔夫子说："吾尝终日不食，终夜不寝，以思，无益，不如学也。"世间的学问，不要说精通，就是略窥门径，没有过来人领，都是学不好的，何况身心性命这样的终极问题？能得善知识时时刻刻的诠释和提点，的确是我们的幸运。虽然这个土地上有无数圣贤，高僧大德，但都是书上的。可能理上的东西他们讲得多，但实际遇到问题时未必能那么通透地看到自己。

这几年除了在课堂上跟老师学习，我还经常观察他与师兄们的互动，看老师怎么点拨师兄们。老师是我的榜样，时时刻刻，一言一行。有几个地方，我受益很深，给大家汇报一下。

首先，老师特别重视信。仁义礼智信，老师一直强调，无信不立。谈仁太远了，那是至高的境界，是身心性命扩大出来的境界，我们未必能做到。但信是最重要的，这点我印象很深。轻诺必寡信，在个人问题上，我觉得我肯定做得不够好。

第二点就是知位、守位。就是刚才那位师兄讲的，艮卦的"君子以思不出其位"。我们，包括我，首先不知位，我在公司中扮演一个领导，在家庭中扮演一个老公，在母亲面前扮演一个儿子，这个位，知不知道？我们众生相关的社会位置知不知道？知道了之后，有没有守好位？是否守好要看有没有及，没有及，肯定没守好。工作该做的没做，家庭中该我们付出的关怀没有付出，这肯定是不及。过，肯定也不行，不该你做的你去做那是越俎代庖。很多人的矛盾烦恼都是不知位、守位造成的，我尤其如此。老师讲了知位、守位，我经常把这四个字拿出来掂量一番，这对解决自己的实际烦恼是非常有用的。而且，既可以解近虑也可解远忧。这是老师的课程对我特别有用的地方。

第三点是本光法师留给老师的偈语："省繁杂语言，默然唯守敬。一切所应作，知时节消息。"守敬，不能失敬，要知时节消息，又要知时知量。老师带我们，一方面是学问上的积淀，一方面是怎么激发自己内心的智慧，去把握什么时候该做什么事，和谁一起做，我觉得这方面在心念上对我提点比较大。我跟师兄们常一起交流，我们商量着要共同进步，避免做事情过或不及。

《通书》里还讲到三个关系，其中一个对我很有触动，就是："知几，其神乎。"以前我理解，就是一个人真高明了，在事务的变化之前，你能判断它的变化，先它一步行动，那你就很高明，了不起。每个行业都有这样的人，众多师兄弟也有人有这样的能力。但这种理解是错误的，我为什么要讲这一点，就是因为老师始终扣在本上。这个"几"，不是外部事务的变化，而是内部心念的变动。内心善恶、是非、有无的变动，知道这个地方才叫通微，才叫无不通，才叫真正的诚。所以老师讲课确实有禅师的味道，确实是金口玉言，扣在根本点上。这个问题虽说是个学术问题，但挺困扰我的。原来是知道自己，才能知道世界，世界就在你内心中。

另一个，这里讲到"十室之邑"，包括《论语》也说："十室之邑，必有忠信。"古语有云："十步之内，必有芳草。"一个有心人去发现世界，世界就有其美善之处。老师就在我们十步之内，朋友就在我们十室之邑。非常有幸能认识老师，认识同学们，和你们相处，我非常受益。另外，老师讲的内容，同学们要量力而行，一部分可以深入进去。弱水三千，我取一瓢饮，未必要全部抓。像××师兄，我就佩服她，她现在读《说文解字》，从很小的点入手，去把握整体。尝一滴而知大海之味。我个人心里也是如此，前两年老是想把什么都学下来，因为跟着老师之后才发现自己好像什么都不知道，在老师面前像文盲一样。后来发现这样也不行，心力未到，智慧未开的时候，得老老实实，一步一个脚印走下来，甚至是某几个点扎下来，甚至正在学的东西扎下来，都非常吃力，先专再博，是一条很好的路线，也是我一点学习心得。特别向老师汇报一下。

己：我去年跟着老师学习，这一年来感触很深，感觉也很受用。就《通书》本身，讲两点感受。第一，是东道主提到的公，作为公务员，他讲公，是体现到日用当中，是在事上面，而不是在理上面。我们如何在理上面力行呢？我就想起和一位师兄讨论的一件事情：为人民服务。这五个字我们从小就在学，还在当少先队员时就在学。很多人都说这五个字现在提起来，很过时了，好像是上个世纪的事情。但我们想，一个企业，服务好客户，服务好员工，服务好股东，这就叫为人民服务。现在很多企业的价值观是为客户创造价值，为员工搭建平台，为股东创造利润，为社会创造效益。这就是为人民服务。这就体现在"公"字上。

第二，《通书》第七章讲师，后面第二十四章、第二十五章两章讲了师友，就是用三章来谈师与友的问题。刚好最近老师给我们组织了一个学习小组，我参加了两次，我感觉，师友交流对我们帮助非常大。在这里也要感谢老师，把我们组织起来，来讨论、来读书。这有个相长、相激荡的功用。

庚：这个课的题目就是"通大道之道"，感觉听《通书》就应该在这样的背景下。《通书》本身就是大人之学、大道之学、大学问。在最初正立念的时候，怎么样来认识《通书》？大家都知道老师讲的是国学，国学是一个比较宽泛的概念。国学必须是人学，自砥之学，就是大人之学。《通书》归根到《大学》里面，就是《大学》所讲的那个大人。又回到这个点上来理解老师给我们讲《通书》的用意，刚才很多师兄谈到对"诚"的理解，我个人的感悟，诚，首先是这一点：你是不是敢认这个大智慧、大道，我们本自具足的这个点？有了这个点后，因地上把这点认了后，听老师讲课感触就不一样了。

《大学》说："自天子以至于庶人，壹是皆以修身为本。"这句话的含义就是，无论天子，还是圣贤，还是我们凡夫俗子，这些东西本来应该是一样的。这份智慧的宝藏应该是一样的，我们都可以走向这条通达大道之路。只不过我们是后知后觉，或者现在是未知未觉，需要老师来引领启迪，打开智慧宝藏。大人哲学本身也必须是通达通透的、通灵通明的，不然的话，就是小通而不是大通。这是我第一点感受。

第二点感受：这里已经有本了，《通书》四十章其实非常简便，那怎么用呢？本和用一定要结合。《通书》一定是切己的，一切学问如果不切己，那它只是学问。所以我们说，读经和国学是两回事，跟真正的智慧是两回事，读经不等于国学已经弘传了。为什么？当不切到自身心地上、心性上来体会时，经典永远是经典，与你无关。

老师有一次讲的话我很有感触，他说，同学们不入心哪！老师一句话带过去，但老师内心是很悲切的。我当时听了也很悲切，我反思自己，这门学问，入不入心？不是说我们在这里就有，而走出课堂就没有，入心后《通书》才真正在我们身心上通了。要不然，周敦颐还是周敦颐，老师还是老师，我们还是我们，为什么？没有回到最根本的点上来。这是第一个用。

第二个用，《通书》虽简短，却涉及很多方面的内容，无论是事业、交友还是学习。遇到问题，可以把这四十章拿出来参一下。再回忆老师当时所讲，我肯定可以在参的过程中把自己的烦恼解决，那就受用了。这样《通书》就可以陪伴我们一辈子。这是一个慢慢化到身心的过程，慢慢融进我们生活工作的过程。

第三点，回到老师第一讲提到的"士"的问题，这个士，更是一个大用，把《通书》的智慧用到我们身上来。我们在各行各业工作，像我是小学老师，小学老师成为一个士，那我起码影响了一批孩子和我的同事。近一点，影响我们熟悉的人，远一点，也许对我们的文化的传承还会有一定的影响。再远一点，中国文化的复兴，不是靠书籍的复兴、出版的复兴，而是靠人的复兴。老师提倡士精神，目的就是帮助我们把这份本自具足的智慧开发出来。智慧开发出来后，将中国文化弘扬出去。完成这样一个过程，我们就可以说在《通书》上交了一份满意的答卷。老师讲完了，对我们来说只是开始，后面任重而道远。

辛：刚才谢老师把我想说的都说了，我补充几句。我很赞成黄立山师兄"一把刀"的观点。读书就是"一把刀"。这把刀可以解决我们人生三性：自然性、社会性和精神性。好好读，我也与大家一起共勉。

壬：首先要感谢老师再次给我机会学习一遍《通书》。2009 年，我曾在老师那里听过一遍《通书》，但再次学习，的确感受不同，尤其是对诚的品味。以前学习，好像是在心里玩味，但老师说了，学习时一定要把脚跟落在实处。这次学习过程中，再次品味诚，我觉得一定要把诚、把正心诚意的感觉落实到生活中，落实到日常修为当中。

我就想，如何使我的言谈举止做到正心诚意？我暗暗给自己制定了修学次第，首先要净化自我。老师提到了艮卦，我们毕竟在社会上熏习了几十年，已经达不到蒙卦静而清的状态，首先要清除自身的精神垃圾。对我来说，就要从"惩忿窒欲，迁善改过"入手。如何迁善改过呢，我记得老师一次上课时讲过，一定要严密地观照自己的内心。我觉得，我可以从这个地方入手。刚才师兄讲到"一把刀"，我就真的觉得我头上悬着一把宝剑。当自己有不善之念、无聊之念，或者情绪上起伏跌宕时，我头顶上的利剑"唰"一下就砍下来，砍的速度越来越快，有时一天下来，确实是刀光剑影，刺得我很痛。当然大家看不见，我自己心里能感受得到。后来用这种方法，刺自己、砍自己的时候越来越少。但有时候，这把剑一天出来十几次、几十次，我就知道今天我有问题了。那么"吾日三省吾身"，到晚上我就开始想今天遇到了什么人、什么事，说了什么话，使我这把剑总是出现。把这一天的事情过滤一遍后，我就知道下次再出现这种人、这种事、这种话、这种场景，我脑门子里的"警察"就会告诉我情绪不能乱。这样反复在自己念头上监控，是"惩忿窒欲，迁善改过"的好方法。自己从中也很受益。

第二点，光净化自己还不行，老师说了，学习传统文化，一定要在自己的精神心性和文化上都有一定提升，必须实现自我优化。如何优化自我？我在学习《通书》的过程中，确实发自内心被古圣先贤崇高的道德、情操、风骨深深感动。优化自我肯定要向古圣先贤学习，古圣先贤高厚的道德我确实心向往之，但是光心向往之还不够，还必须有所行动，才能真正实现自我的提升。我觉得进德修业对我非常重要，文化上的提升对我来说也迫在眉睫。在净化自我和优化自我的同时，我要努力，努力，再努力！在努力的过程中，我还有一点深刻感受，跟大家分享，我在读《通书》及其他经典的过程中，突然领悟到周恩来年少时所说的一句话：为中华之崛起而读书。最近，这种感觉在我心中时时萦绕，虽然我只是一个即将步入中年的小妇人，但我现在立志还是不迟，我真是要为中华之崛起而读书。在读这些书的过程中，我感觉到巍巍中华，泱泱大国，上下五千年文化博大精深。我要从现在开始，以自己的一己之躯，为将来的弘圣贤之教而努力奋斗。听了冯老师讲《通书》，我感觉也许我在精神上已经靠近了一个很富的矿。我自己会一直追求下去。能到哪种程度，也许要靠天命了。

　　癸：我对《通书》的感受就是八个字：非常幸运，感同身受。我跟老师学习的时间不算长，但我从一见到老师直到现在，是一信到底。老师说什么我就做什么，我做不到的也努力去做。老师是一个真正的过来人，一个真正的禅师，他本身就是一个大大的公案，很多时候我为自己问得太多而惭愧。我经常把老师的话装在心里面，当时不明白老师为什么这么说，但因为记在心里面很踏实，在不同时空、环境，常常会触发而想起老师的经历和老师的话，会感动，会流泪，会哭，会豁达。这是个总体的感受。

　　至于《通书》，因为想留更多时间给老师为大家解惑，我先讲最受用的一点,《务实第十四》。"实胜,善也;名胜,耻也。故君子进德修业,孳孳不息,务实胜也。德业有未著,则恐恐然畏人知,远耻也。"最近由于我做的一些工作,有很多杂志、媒体想过来采访我,标题都非常夺目,非常有戏剧性。我就想到老师讲的"实胜,善也;名胜,耻也",统统都拒绝了。我的想法是没有为大家做什么事情,不应该接受这样的光环。这些拒绝,经后来检验,的确为我免掉了许多无妄之灾。

另一点,刚才有师兄说,老师的思想是把刀子,我们跟老师学,立志做老师的好学生,就得常常用这把刀子对自己下狠功夫,下苦功夫。怎么个下法?师兄们的分享大家可能已经有所悟。我这里要向老师忏悔:老师说人无信不立,说如果一个人在他面前失信三次,基本上就不喜欢料理这个人了。我已经远远超标了,虽然这样,但我还是向老师申请再做他的好学生。

附录 2

《通书》原文

〔宋〕周敦颐

诚上第一

诚者，圣人之本。"大哉乾元，万物资始"，诚之源也。"乾道变化，各正性命"，诚斯立焉，纯粹至善者也。故曰："一阴一阳之谓道，继之者善也，成之者性也。"元亨，诚之通；利贞，诚之复。大哉《易》也，性命之源乎！

诚下第二

圣，诚而已矣。诚，五常之本，百行之原也。静无而动有，至正而明达也。五常百行，非诚非也，邪暗塞也。故诚则无事矣。至易而行难。果而确，无难焉。故曰："一日克己复礼，天下归仁焉。"

诚几德第三

诚，无为；几，善恶；德：爱曰仁，宜曰义，理曰礼，通曰智，守曰信。性焉、安焉之谓圣，复焉、执焉之谓贤，发微不可见、充周不可穷之谓神。

圣第四

寂然不动者，诚也；感而遂通者，神也；动而未形、有无之间者，几也。诚精故明，神应故妙，几微故幽。诚、神、几，曰圣人。

慎动第五

动而正，曰道。用而和，曰德。匪仁，匪义，匪礼，匪智，匪信，悉邪矣。邪动，辱也；甚焉，害也。故君子慎动。

道第六

圣人之道，仁义中正而已矣。守之贵，行之利，廓之配天地。岂不易简！岂为难知！不守，不行，不廓耳。

师第七

或问曰："曷为天下善？"曰："师。"曰："何谓也？"曰："性者，刚柔善恶，中而已矣。"不达。曰："刚，善：为义，为直，为断，为严毅，为干固；恶：为猛，为隘，为强梁。柔，善：为慈，为顺，为巽；恶：为懦弱，为无断，为邪佞。惟中也者，和也，中节也，天下之达道也，圣人之事也。故圣人立教，俾人自易其恶，自至其中而止矣。故先觉觉后觉，暗者求于明，而师道立矣。师道立，则善人多。善人多，则朝廷正，而天下治矣。"

幸第八

人之生，不幸不闻过，大不幸无耻。必有耻，则可教；闻过，则可贤。

思第九

《洪范》曰："思曰睿,睿作圣。"无思,本也;思通,用也。几动于彼,诚动于此。无思而无不通,为圣人。不思,则不能通微;不睿,则不能无不通。是则无不通生于通微,通微生于思。故思者,圣功之本,而吉凶之几也。《易》曰:"君子见几而作,不俟终日。"又曰:"知几,其神乎!"

志学第十

圣希天,贤希圣,士希贤。伊尹、颜渊,大贤也。伊尹耻其君不为尧、舜,一夫不得其所,若挞于市;颜渊不迁怒,不贰过,三月不违仁。志伊尹之所志,学颜子之所学。过则圣,及则贤,不及则亦不失于令名。

顺化第十一

天以阳生万物,以阴成万物。生,仁也;成,义也。故圣人在上,以仁育万物,以义正万民。天道行而万物顺,圣德修而万民化。大顺大化,不见其迹、莫知其然之谓神。故天下之众,本在一人。道岂远乎哉!术岂多乎哉!

治第十二

十室之邑,人人提耳而教,且不及,况天下之广、兆民之众哉!曰:纯其心而已矣。仁、义、礼、智四者,动静、言貌、视听无违之谓纯。心纯则贤才辅,贤才辅则天下治。纯心要矣,用贤急焉。

礼乐第十三

礼，理也；乐，和也。阴阳理而后和。君君臣臣，父父子子，兄兄弟弟，夫夫妇妇，万物各得其理然后和。故礼先而乐后。

务实第十四

实胜，善也；名胜，耻也。故君子进德修业，孳孳不息，务实胜也。德业有未著，则恐恐然畏人知，远耻也。小人则伪而已矣！故君子日休，小人日忧。

爱敬第十五

有善不及，曰："不及则学焉。"问曰："有不善？"曰："不善则告之以不善。"且劝曰："庶几有改乎，斯为君子。"有善一，不善二，则学其一而劝其二。有语曰："斯人有是之不善，非大恶也？"则曰："孰无过？焉知其不能改？改则为君子矣。不改为恶，恶者天恶之。彼岂无畏耶？乌知其不能改！"故君子悉有众善，无弗爱且敬焉。

动静第十六

动而无静，静而无动，物也；动而无动，静而无静，神也。动而无动，静而无静，非不动不静也。物则不通，神妙万物。水阴根阳，火阳根阴。五行阴阳，阴阳太极，四时运行，万物终始。混兮辟兮！其无穷兮！

乐上第十七

古者，圣王制礼法，修教化。三纲正，九畴叙，百姓大和，万物咸若。乃作乐以宣八风之气，以平天下之情。故乐声淡而不伤，和而不淫。入其耳，感其心，莫不淡且和焉。淡则欲心平，和则躁心释。优柔平中，德之盛也；天下化中，治之至也。是谓道配天地，古之极也。后世礼法不修，政刑苛紊，纵欲败度，下民困苦。谓古乐不足听也，代变新声，妖淫愁怨，导欲增悲，不能自止。故有贼君弃父、轻生败伦、不可禁者矣。呜呼！乐者，古以平心，今以助欲；古以宣化，今以长怨。不复古礼，不变今乐，而欲至治者远矣！

乐中第十八

乐者，本乎政也。政善民安，则天下之心和。故圣人作乐，以宣畅其和心，达于天地，天地之气，感而太和焉。天地和，则万物顺，故神祇格，鸟兽驯。

乐下第十九

乐声淡则听心平，乐辞善则歌者慕。故风移而俗易矣。妖声艳辞之化也，亦然。

圣学第二十

"圣可学乎？"曰："可。"曰："有要乎？"曰："有。""请问焉。"曰："一为要。一者无欲也，无欲则静虚动直。静虚则明，明则通；动直则公，公则溥。明通公溥，庶矣乎！"

公明第二十一

公于己者公于人，未有不公于己而能公于人也。明不至，则疑生。明，无疑也。谓能疑为明，何啻千里！

理性命第二十二

阙彰阙微，匪灵弗莹。刚善刚恶，柔亦如之，中焉止矣。二气五行，化生万物。五殊二实，二本则一。是万为一，一实万分。万一各正，小大有定。

颜子第二十三

颜子，一箪食，一瓢饮，在陋巷，人不堪其忧，而不改其乐。夫富贵，人所爱也，颜子不爱不求，而乐乎贫者，独何心哉？天地间有至贵至爱可求而异乎彼者，见其大而忘其小焉尔。见其大则心泰，心泰则无不足，无不足则富贵贫贱处之一也。处之一则能化而齐，故颜子亚圣。

师友上第二十四

天地间，至尊者道，至贵者德而已矣。至难得者人，人而至难得者，道德有于身而已矣。求人至难得者有于身，非师友则不可得也已。

师友下第二十五

道义者，身有之，则贵且尊。人生而蒙，长无师友则愚。是道义由师友有之，而得贵且尊。其义不亦重乎！其聚不亦乐乎！

过第二十六

仲由喜闻过，令名无穷焉。今人有过，不喜人规，如护疾而忌医，宁灭其身而无悟也。噫！

势第二十七

天下，势而已矣。势，轻重也。极重不可反，识其重而亟反之，可也。反之，力也。识不早，力不易也。力而不竞，天也；不识不力，人也。天乎？人也，何尤！

文辞第二十八

文，所以载道也。轮辕饰而人弗庸，徒饰也，况虚车乎？文辞，艺也；道德，实也。笃其实，而艺者书之，美则爱，爱则传焉。贤者得以学而至之，是为教。故曰："言之无文，行之不远。"然不贤者，虽父兄临之，师保勉之，不学也；强之，不从也。不知务道德而第以文辞为能者，艺焉而已。噫！弊也久矣！

圣蕴第二十九

不愤不启，不悱不发，举一隅不以三隅反，则不复也。子曰："予欲无言。天何言哉！四时行焉，百物生焉。"然则圣人之蕴，微颜子殆不可见。发圣人之蕴，教万世无穷者，颜子也。圣同天，不亦深乎！常人有一闻知，恐人不速知其有也，急人知而名也，薄亦甚矣！

精蕴第三十

圣人之精，画卦以示；圣人之蕴，因卦以发。卦不画，圣人之精不可得而见；微卦，圣人之蕴殆不可悉得而闻。《易》，何止五经之源？其天地鬼神之奥乎！

乾损益动第三十一

君子乾乾，不息于诚，然必惩忿窒欲、迁善改过而后至。乾之用其善是，损益之大莫是过，圣人之旨深哉！"吉凶悔吝生乎动"。噫！吉一而已，动可不慎乎！

家人暌复无妄第三十二

治天下有本，身之谓也；治天下有则，家之谓也。本必端。端本，诚心而已矣。则必善。善则，和亲而已矣。家难而天下易，家亲而天下疏也。家人离，必起于妇人。故暌次家人，以"二女同居，而志不同行"也。尧所以厘降二女于妫汭，舜可禅乎？吾兹试矣。是治天下观于家，治家观身而已矣。身端，心诚之谓也。诚心，复其不善之动而已矣。不善之动，妄也；妄复，则无妄矣；无妄，则诚矣。故无妄次复，而曰"先王以茂对时育万物"。深哉！

富贵第三十三

君子以道充为贵，身安为富，故常泰无不足。而铢视轩冕，尘视金玉，其重无加焉尔！

陋第三十四

圣人之道，入乎耳，存乎心，蕴之为德行，行之为事业。彼以文辞而已者，陋矣！

拟议第三十五

至诚则动，"动则变，变则化"，故曰："拟之而后言，议之而后动，拟议以成其变化。"

刑第三十六

天以春生万物，止之以秋。物之生也，既成矣，不止则过焉，故得秋以成。圣人之法天，以政养万民，肃之以刑。民之盛也，欲动情胜，利害相攻，不止则贼灭无伦焉，故得刑以治。情伪微暧，其变千状，苟非中正明达果断者，不能治也。《讼》卦曰："利见大人"，以"刚得中"也。《噬嗑》曰："利用狱"，以"动而明"也。呜呼！天下之广，主刑者，民之司命也，任用可不慎乎！

公第三十七

圣人之道，至公而已矣。或曰："何谓也？"曰："天地至公而已矣。"

孔子上第三十八

《春秋》，正王道，明大法也，孔子为后世王者而修也。乱臣贼子诛死者于前，所以惧生者于后也。宜乎万世无穷，王祀夫子，报德报功之无尽焉。

孔子下第三十九

道德高厚，教化无穷，实与天地参而四时同，其惟孔子乎！

蒙艮第四十

"童蒙求我"，我正果行，如筮焉。筮，叩神也。再三则渎矣，渎则不告也。"山下出泉"，静而清也。汩则乱，乱不决也。慎哉！其惟"时中"乎！"艮其背"，背非见也。静则止，止非为也，为不止矣。其道也深乎！

图书在版编目（CIP）数据

通书九讲 / 冯学成讲述 . —北京：东方出版社，2018.7
ISBN 978-7-5060-8490-1

Ⅰ . ①通… Ⅱ . ①冯… Ⅲ . ①理学—研究—中国—宋代
Ⅳ . ① B244.05

中国版本图书馆 CIP 数据核字（2018）第 105340 号

通书九讲
（TONGSHU JIUJIANG）

作　　者：冯学成
责任编辑：张凌云
出　　版：东方出版社
发　　行：人民东方出版传媒有限公司
地　　址：北京市东城区东四十条 113 号
邮政编码：100007
印　　刷：三河市金泰源印务有限公司
版　　次：2018 年 7 月第 1 版
印　　次：2018 年 7 月第 1 次印刷
开　　本：880 毫米 ×1230 毫米　1/32
印　　张：6.875
字　　数：150 千字
书　　号：ISBN 978-7-5060-8490-1
定　　价：38.00 元
发行电话：（010）85924663　85924644　85924641